我從來就不喜歡魯迅

從政治異見到文化異見

綦彥臣 著

臺灣之於我，就像義大利之於前蘇聯作家帕斯捷爾納克。

謹以本書紀念諾貝爾文學獎獲得者、《日瓦戈醫生》作者帕斯捷爾納克。

自序　政治往事與這本書

作為大陸的一位民間經濟學家、通俗歷史寫手，特別曾坐過政治牢獄的異見人士，我心儀臺灣已久，儘管我未曾去過臺灣。說起與臺灣的淵源來，最遠可以追溯到我少年時代「拾傳單」的經歷——一九七〇年代，國共仍然隔岸對抗，常有傳單隨季風飄來（遠至我家鄉所在的華北平原），小學裏就動員我們那些在校學生去田裏搜尋。

和「臺灣」這個在大陸充滿政治含義的辭彙相聯繫，以至於影響命運的因素至今仍在，起源於一樁政治案件。一九九九年九月二日，我被河北省滄州市國家安全局刑事拘留，經過十三個月的羈押，最後以「煽動顛覆國家政權罪」判處四年徒刑。案件中有兩處涉及臺灣：第一，一九九九年五月，「向『中華民國』僑委會主辦的反動徵文比賽投寄文章〈臺灣的貢獻與非主流統派論〉，讚頌臺灣的所謂『民主』，吹捧臺灣國民黨政權，造謠惑眾，汙衊共產黨政權，鼓動群眾推翻共產黨，以臺灣『民主』為模式，實行多黨制。此文被採用發表，綦得稿費二一〇〇元台幣。」；第二，一九九九年八月，「將自己撰寫的稿件〈中國的崩潰與未來重建〉向臺灣遠景基金會暨《遠景學刊》投送，同時與美國反動電子刊物《小參考》聯繫出版事宜，還為此向香港《開放》雜誌社尋求過出版資助。該稿件包括〈前言：為了一個簡單的事實〉、〈上卷導論：『崩潰』的概念〉、〈下卷導論：重建工作的重點〉、〈下卷第一章　民主並不完美：針對歷史文化沉澱的真實話語〉等文章，整個文稿汙衊人民民主專政是『暴政』，號召『組織黨派、籌集經費、舉行抗議』，顛覆國家政權，實現資本主義『自由、民主、憲政』政治體制。」

法律層面的東西有文書在，相信有朝一日會有更多的事實披露出來，比如為何給僑委會寫文章被最後判為有罪，而給遠景基金會寫文章沒有被判罪。按大陸辦理政治案件的規定，不管文章是否最後發表，只要寄出（交給郵局或從網路發出）就算行為實施。對此，我不願再費心探討，倒是在我被抓後傳出的謠言讓我頗費思量。謠言到我出獄後還在流傳，說是我有一台發報機被國家安全機關查獲，查獲前我已經給臺灣國民黨發了大量的情報。

我姐姐在我被羈押時，到處打聽我犯了什麼罪，一位自稱是我中專時代同學的滄州檢察機關幹部說：「你兄弟要跟國民黨聯手。國民黨回來，他當總統。」姐姐是個農村婦女，很善良，小學文化，一聽這話，就暈了。直到我被送石家莊北郊監獄（省四監）並能會見近親屬了，才知道我沒給臺灣「發報」，也沒想「當總統」的意思。

我想，說我給臺灣發報是個陰謀。彼時，大陸人們有個習慣性思維，你不愛黨可以，不愛國就是罪惡。現在，這種思維淡化多了，蓋因貧富差距刺激之故。陰謀的發起者給我編上向臺灣發報的情節，我就貼近賣國了。配合這個陰謀，新華社辦的《內參選編》（簡稱《內參》）也發文說我非法獲取國家秘密（原文無法見到，因此刊是國家秘密級的）。我的內弟在郵局工作，他們局裏的人在我被抓後告訴他：「你大姐夫的事兒上《內參》了。」內弟是個謹小慎微的人，私下告訴他大姐：「你家的事兒都上《內參》了。大了！」

再後來，我出獄（二〇〇三年五月一日提前四個月獲釋，源於國際社會不斷交涉之故）幾年後，打羽毛球鍛煉身體（二〇〇七年十二月開始），有一位球友在涉密部門工作過，在一次宴會（大陸俗稱「飯局」）私聊時，問我：「你這麼聰明的人怎麼會幹那事兒？後悔不？」我知道該人士說的是洩密暨「發報」那些事情，我告訴對方：「我的罪名只有一項，是煽動顛覆國家政權，沒有非法獲取國家秘密。」其人釋然。這位球友的發問絕非偶然，而是我們小城市裏有點級別的公務人員的共同疑惑。同樣是副科級別（這個級別在小城市已經是「大官」了）的另一位熟人，也在某次私人飯局上問過我「洩密」的原因。時隔多年，平靜回顧當初，可以說民間版本的我給臺灣「發報」也不是一點「根據」都沒有。我早在一九九二年就有一部手動英文打字機，這在一個四線城市（縣級市）是個奇蹟，其實我是用它來寫英文小稿的（那時還沒文祕辦公電腦），單位的上司堅持說那是發報機（手動打字機不用電，怎麼能發報呢？）。有發報機給哪裡發報呢，人們一想就是臺灣。再加上官場向外流傳的資訊，事情就「更像真事兒」了。

國安局的《起訴意見書》上也確實指控我兩項罪，煽動顛覆國家政權與非法獲取國家秘密，檢察院的《起訴書》列了這兩項，但最後要求法院判決的是一項即煽動顛覆國家政權。至於國安局的指控根據，則是我家裏（書房）放有三份《內參》，按級別我作為副股級科員（當過銀行營業所主管信貸的副主任）無權看這個秘密級的東西，只有我們單位的一把手（行長，正科局級，相當於一個鎮的鎮長的級別）才有權看。但是，我作為工作在一線的學者經常為北京總行承擔課題，看《內參》可以摸清上邊思路再來結合課題，單位也特許我看。我想，沒有形成最終指控的一個最大可能是我有權看上海市政府辦的秘密級內刊《經濟預測》。這個內刊約我寫稿，除了正常稿費，每月還給五百元人民幣資訊費。上海市政府跟《內參》的主辦者新華社至少平級，我因學術原因看了同級秘密，很可能抵消了私存《內參》的「罪過」。未經證實的說法是，《經濟預測》發到正處級（相當於一個縣的縣長的級別），也有說發到正廳級的。簡單地說，不管發到哪個級別，總不比我們單位（銀行）的級別要低。儘管未經證實，它上面印的「領導參閱，妥善保存」足以說明作為它的贈刊對象，我有資格看到秘密級別的東西。同理，看《內參》也不成為問題。或者說，在國家秘密問題上，我比我們科局級的行長高一檔兩級。

大陸的官本位就這麼奇怪。我也知道領導一直嫉妒我，比如扣押上海方面給我的資訊費匯款單，私下問是不是臺灣方面經上海轉來的。還有，負責監督我政治行為的同事在我不知情也即沒允許的情況下，拆開我的雜誌郵件，不管是上海來的，還是香港來的，還是臺灣來的。我要質問，對方就說：「反正都是雜誌，又不是寫的信。」我無意於深責那些參與監督我的當年領導、同事，但是，對於他們在我出獄後絲毫沒有歉意，很是驚詫。驚詫之餘，只能以「黨性高於人性」來詮釋。

還有，按國家法律，公民有向國家司法機關作證的義務。這點我不能怪。但是，你總不能為了作證而不尊重我的人格而採取非法手段。未經你的同意，就拆開你的郵件，你是什麼感覺？

關於政治案件的老黃曆，不再多說。而究竟內幕如何，有待以後的歷史揭秘。

造謠我給臺灣「發報」雖然是個陰謀，是個汙衊，但是並沒有影響我對臺灣的嚮往。在出獄後，做「文化個體戶」或叫獨立學者的生涯中，我有許多文章涉及到臺灣，文化感悟的、學術的，都有。比如，我翻譯過一本英文書，是女性南極探險的自述。那個事情很轟動，臺灣用這個事情做大地震後重建的勵志案例，鼓勵人們克服困難；而大陸這邊沒有任何媒體提及這個事情，直到我在二〇〇三年下半年我給書商（半合法的民間代理，俗稱「二渠道」）翻譯那本探險書時，才知道有這麼個事情，由此感觸兩岸在文化上是漸行漸遠了。

此種感觸並非僅僅來自對臺灣民主制度的讚賞暨感情，更來自對臺灣本土人士的接觸。記得一九九八年秋天，我隨朋友在北京與一位臺灣記者見面，我自以為發表過兩岸農業金融制度的比較論文，就能「說說臺灣」，但當對方問我「你知道臺灣兩千多萬人的感受嗎」時，我有些尷尬。由此，渴望瞭解臺灣就成了一大心結，以至於冒險給臺灣報刊投稿。

出獄後，環境已經有些變化，在微妙亦不確定的環境裏，我接觸到臺灣政界人士，原因是鳳凰衛視在北京錄節目，請我去做場外嘉賓，就是在觀眾席上能發言的人，討論臺灣大選問題。當時，臺灣的親民黨、民進黨、國民黨選戰頻酣，新黨雖未參選，但也不斷發聲。看看國民黨的人、親民黨的人、還有新黨人在北京說什麼還是不錯的，所以，我答應了邀請，儘管作為民間「大牌」學者坐在觀眾席上有些「委屈」。

我不知道鳳凰衛視的工作人員為何邀請我，私下裏想可能是我在境外電子媒體上老寫關於臺灣政治的文章之故，他們也看得見。比如，作為美國中文電子雜誌《民主中國》排名第一的專欄作者，我有一個政治學與戰略學合成的學術系列「中國民主化外部因素之戰略學解析」，其中分析臺灣作用頗受外界關注。

不管是什麼原因，我去了。節目散後，我和國民黨的一位高層黨務人士（也是臺北市議員，李彥秀女士）交換了名片，還與自稱「胡同台妹」的臺灣媒體駐京記者宮鈴談了一會兒。後來，見到宮鈴的書在大陸出版了，買了一本，讀後主動寫了書評。不用說太樸素的感情話語，但臺灣政治人物給大陸學者們的感覺確實是親切的。我這樣的異議分子不用說了，就是在大陸體制內做得相當成功的人士，要見中共黨務高層人士並交換名片，恐怕是很難事情。還有，宮鈴的書給了我們很多現實的細節，讓我們看到大陸和臺灣在文化方面的差異，所以，我寫給她寫書評完全出於自願，也不圖她日後幫助什麼——當時（節目散後），沒和她交換名片。

按著正常的商業途徑在臺灣出版自己的著作，是我老早以來的願望，比如十三年前與臺灣遠景基金會聯繫《中國的崩潰與未來重建》一書的出版事宜（那本書稿沒有完成，國安局抄走後，在案件了結時直至今日也沒退還）。近年來，國內環境雖有較大鬆動，但是，明裏暗裏的限制還是很多的，尤其以商業面目出現的限制，可視為當局統治策略的調整。手頭已經完成，甚至存了十年書出不了的有之，比如一本在監獄時寫完的小說《絕育》，無法在大陸出版。甚至有一家播音網站已經訂好要播，後來懼於當局的查辦而取消合作。為何敏感，就是那本小說描寫了共產黨革命時代好殺成性的細節以及後來「文革」中的骯髒人性。與「文革」題材的敏感性相關，我寫的另一本書《人隨社會草隨風》也出版不了。後來，我不得不把全書拆開，改名為《我的「文革」記憶》，陸續發在自己的博客上。去年一年，官方推開所謂文化體制改革以前，對我的控制明顯強化，一本歷史書《給歷史放把火》經歷一年多的審稿才勉強出了。到今年初，其實我已經打算放棄在大陸出書的努力，儘管有的出版代理人試圖把過來我的版權到期著作整合成文集。有書出不了，又不是質量（市場前景）問題，不能不說是對作家的侮辱！

承受侮辱也不僅僅是有書出不了，就是能出版的，不經過出版社的蠻橫刪削，也是出不成的，且不論給你多少錢。有時，出版社甚至是整章給你刪掉。比如，二〇〇九年在新華出版社出的《乾隆爺那些事兒——筆記野史中的南巡故事》，被拿掉關於乾隆佞佛的一整章。問其故，有人私下回曰：「佛教正在國教化，譏笑乾隆佞佛，版署會卡死。」歷史閒篇，如此對待也就罷了，連非常有學術品位的經濟學作品也無法倖免。《真實的交易——提高生活質量的通俗經濟學》是遭遇最嚴重刪削的一本。被刪掉的獨立小節有四個，共計七千六百字；被刪掉小節內含部分一處，二千一百字；被刪掉的整章一個，計有一萬三千字。原來十五萬字，最適合讀者通俗閱讀的情狀，被刪掉兩萬多字，以至於沒法保證著作思想的系統性。但我沒辦法，出版代理合同上寫著對方有刪節權。作家不同意行嗎？要麼，別出。

然而，天無絕人之路，藉助互聯網的國際交流功能，我應邀與英籍華裔作家高安華女士在網易微博上，又經高女士介紹和臺灣秀威出版公司（showwe）建立了聯繫，在大陸近十年不得出版的小說《絕育》由秀威出版，而且是無刪節本。對於一個以異見身份生存於大陸的學者、作家來說，該是何等的興奮！此非誇張，我想臺灣經歷戡亂與解嚴之轉變，至今仍然健在且有過異議經歷的人，在解嚴前能在香港或北美出一本自己的書，應是與我同樣的感覺，儘管他們的經歷已經成為歷史，而我正經歷著歷史。

在小說《絕育》出版合同簽完之後，我就打算在秀威繼續出書，並做了系列選題。這本書就是日間陸續發在網易博客上的博文的精選，其中大部分被網易博客做過首頁推薦。計畫已定，就是自己進行初步編輯的工作。

從我二〇〇三年五月出獄以來，當局就擔心我會「叛逃」。我明言相告：「即便是走，我也會堂堂正正地走，向你們申請。絕不會以雞鳴狗盜的方式溜走！批不批准我走是你們的事情，反正在國內我也是做『流亡』的。」當然，這裏我沒有諷刺那些出於無奈而選擇了「叛逃」的異議者們，並且按著美國著名大法官路易士・布蘭代斯關於自由的說法，一個人選擇何種自由途徑無須他人指點。哈耶克在《自由憲章》一書裏也引述了這個說法。儘管我說不會「叛逃」，當局還是不相信，以至於在某個敏感期有我的某位鄰居（警員）在我不知情的前提下，向他上級的上級擔保我不會越境出逃。事後，這位鄰居給我打來電話，詳盡解釋。我呢，哭笑不得，也無法責怪此人。但是，我在電話裏告訴他一個我的打算：「你們要放我走，我就去臺灣。但是，我不知道手續怎麼辦，或者定居臺灣算不算『移民』。」對方說問題太複雜，沒法電話裏跟我說清楚，等請示上級以後再說。鄰居「請示」上級已經六七年的時間了，也沒答覆我。我呢，「移民」臺灣的打算還是如初之堅。不管「移民」臺灣的打算是否能夠付諸實際，我心儀臺灣的個人心境是不可能改變的。

說到本書的立意之一是紀念帕斯捷爾納克，就不得不比較他的《日瓦戈醫生》與我的《絕育》兩部小說的相似遭遇。前蘇聯時代，作家帕斯捷爾納克的小說《日瓦戈醫生》寫了十年，完成後難以出版，若出版就得接受出版管控當局的刪削指令。帕斯捷爾納克無法接受，並在義大利出版機構的幫助下率先出了意文版。雖然蘇聯當局十分惱怒並在此後脅迫帕斯捷爾納克放棄諾貝爾文學獎，但是一部完整的作品遠比任何獎項更有意義。我的小說《絕育》寫完近十年，在大陸沒法出，只是與臺灣秀威出版公司聯繫之後才有機會面世，才能免遭刪削之災。

難道臺灣之於我，不像義大利之於帕斯捷爾納克嗎？

絮絮數千餘言，以為序。

目次

第二輯 沉思·洞見

第三輯　書影．觀點

反抗，是一種不可放棄與迴避的責任，這裏面也充滿了幸福，儘管以純世俗的眼光看來，裏面有老大老大的風險。

個人沒有食品，可以放下尊嚴，靠乞討獲得；沒有錢財，可以冒險搶掠獲得；但是，沒有思想，是乞討不來的；沒有靈魂，是搶掠不來的。

第一輯　心境．閑趣

論自由

這不是個新鮮話題。但是，只要對它進行哲學思考，就會不斷地發現新意。曾幾何，自由作為一種主義是中國政治語境中的大敵，故而「反對自由主義」冒濫為光輝一時的政治哲學命題與篇章。曾幾何，自由被看做一種政治化學，它的「化」被賦予了階級性，「反對資產階級自由化」成為一場血腥的伏筆。

自由是一種主義不假，但是，它被賦予階級性之後，帶來的不僅僅是血腥，更是深度的無知，從而使政治陷入一個奇怪的悖論之中——因為你無知，所以你暴虐；因為你暴虐，所以你更加無知。自由的含義太廣闊，以至於我們不得不從極其微小的塵世細節中去發現它的特性。比方說，一個高傲的女人的自由，它可以藐視帝王。帝王可以征服天下的土地，讓飽受其搶掠的敵國舉國跪在他的坐騎之下山呼萬歲。但是，即便他把那個要征服的女人一千次地壓在身下，那個女人的心也不會屬於他。

你可以征服目力所及的世界，卻不能征服一個女人的心。這不是帝王的悲哀而是自由的偉大。我們設想的這個女人，一個歷史細節的象徵，有著她外界無法測知最底線的自由：她可以把佔有欲極強的帝王想像為她初戀的情人，一旦雲雨事畢，她還會冷對帝王。

奴隸是不自由的象徵。奴役，作為一個辭彙，和自由也是對立的。但是，奴隸也有他思考的自由。所以，斯巴達克斯在無數次思考之後，決定用角鬥士的勇氣來反對殘暴的羅馬帝國。思考的自由與反抗的自由密切相連。一切凌駕於自由之上所謂集體道德，不過是一小撮人的謊言。他們編造意識形態謊言的結果是謀求自己的利益最大化。一旦他們的利益得不到實現，或者別人的自由成為他們無知的威脅，那麼，謊言也不必多說，暴力隨之而來。

暴力加謊言，是一切與自由為敵的無知兼無恥的勢力們的鎮宅之寶。

上帝，賦予了人自由意志。我們可以選擇智慧，可以知道羞恥，儘管我們擺脫上帝規範的代價非常之大。但是，在此之後，上帝還是和我們繼續博弈。當上帝有意識地進行新一輪針對我們的智力博弈時，我們發現：人，確實更進一步地遠離了邪惡，儘管邪惡無法清除，甚至無需清除。

我們知道了地球是圓的，是思想自由的結果；我們知道地球並不是宇宙的中心，其實也賴於我們相對於上帝的自由。深刻地思考自由的含義，我們才能理解——牛頓自由思考，發現萬有引力之後，何以看似矛盾地感謝上帝。我所說的這點幾乎與宗教無關，而且作為自由主義分子，我本能地討厭宗教狂熱。我說的是政治哲學或終極的道德哲學，而我的道德理論從來就沒沉沒在自由意志之下。如果笛卡爾的「我思故我在」還是自由的內容之一的話，那麼，我就說：我的自由最後的價值就是摧毀一切假道德之名而行的無知與暴虐。

無知與暴虐可以踩住我的頭顱，也可以打得我違心地求饒，但我永遠是那個有著自己追求的「女人」。我不在乎你是如何把我壓在身下的，但我身上的只是你的肉身而無你的靈魂。這個邏輯就是自由對無知與暴虐的最好報復！

自由，存在於現實世界之前，首先存在與我們自己的內心。我們無法選擇歷史，卻可從中自由地選擇學習的榜樣。這是魯道夫・沙澤曼的感想。我在他之外的發現是——即便你把我關在籠子裏，四周蒙上黑布，我還總有自慰的自由。我願意想誰，就想誰。權力控制，虛假的道德約束，對於我什麼都不是。我一點不下流，但是，我可以用相對下流的表達——羞辱你對自由的羞辱。問題就這麼簡單！

關於自由的小故事

引言：從體制出來就不想回去

有中專時代的同學來我居住的小城市泊頭檢查他們系統下屬單位的工作，一定約我去參加飯局，席間，自然談起往事，特別是我不在銀行上班的感受。我說：「我珍視這份自由，是自己用高昂代價換來的。我正在享受這個東西，妙不可言的感覺。如果形象點的說，好像四十歲的男人娶了二十歲風姿綽約的少女。」

同學大笑，笑我色心深重。我補了一句：「現在，你一個月給我開一萬，我也不回銀行上班。北京年薪三十萬的工作我都不擇它。」沒有吹牛。老同學是從一個縣的銀行一把手上調到滄州的，他當然能比我更明瞭體制內那種不自由的工作氛圍。

一、絕不做庸庸小吏

蘿蔔白菜各有所愛，我也不會勸說他離開銀行。這事兒隨著一場酒過去了。春節期間，我關好了門，謝絕小區的人拜訪，也不去別人家轉。因為我雖住在銀行社區，但已經不是單位的人了。從監獄回來已經六年多了，我從來不參與原單位的事情，連隨往應承全是太太出面。期間，不得已，二〇〇九年三十晚上去銀行吃了一頓，原因是老科長在外縣十年行長經歷後得了副縣級待遇。他派人專門來請我。我帶了一瓶好酒，一盤驢肉。驢肉是一個在外縣當稅務局一把手的同學送的。

席間，抬敬老科長是面子上的事，但是，人家也抬咱。這一抬不要緊，酒後吐真言：「我真的一輩子做不成庸庸小吏，要是五十多歲才弄個副縣級，等於做了一樁賠本的買賣。」在場的人都很尷尬，那意思：你這麼精明的人，也說酒話呀！好幾天，老科長見了我，很尷尬。

二、絕不參與官場閒事兒

我也不知道用什麼方式補付酒後「傷人」的話，直到有一天我飛也似地騎賽車闖出社區，他半帶愛護半帶嘲諷的說「小心點兒，不是二十多的小伙子了」。我一剎那，回頭衝他一笑，才自覺了結了一年前的懵興。

二〇一〇年（陰曆）大年三十，沒應付。幾天後，一位原來的資深同事登門，和我絮叨他工資低，以及和副縣級的獎金差別問題，希望我幫寫一篇小文章。白頭宮女說天寶。「我早不在銀行了，這事兒不能摻和。再說，我在這裏是客居，還是你們關係近。疏不間親嘛！」老同事悻悻而去，我這重新搗鼓羽毛球拍的手膠（十塊錢一卷，纏三個手柄）。

纏著手柄的時候，我在設想下午會和誰對陣，對什麼性格的人採取什麼策略。比如，對好勝的男球友，打男雙，第一局儘量拿下來，讓他知道我這邊的實力。設想，有點幻想的成分。我發現：自己要是贏了，回來會跟太太吹一番；要是輸了，就輕描淡寫，哼哼哈哈。

三、絕不和「泊頭作家」交際

吹牛與顯擺，也是自由的一種吧。自由，似乎應該屬於很滑頭的人們——有人問我世間事，搖頭擺手說不知。我還差點行市，一不小心就被世間事牽染了，搖頭的頻率還是低了點。

幾天前，喝閑茶，有一位官場的同學一定問我對「泊頭作家」（就是在文聯領工資的那些體制內文人）的看法。我堅決不說，可是他出的是必答題。最後，還是自由地說了實話。我真希望以後推不掉的舊交給我點說謊的自由。

實話是什麼呢？其一，他們花錢出書，我出書為掙錢。原因是他們的官方背景使他們能把爛書塞給有關單位，我沒這個渠道，只好儘量不寫爛書。其二，他們是磕著頭從民間進入官場的，我則是自願被「脊杖」而從官場到民間的。最後一點是，我從來不和那些人來往，以免汙了自己的清名。就算被動來往即有人主動登門，也只是「哼哈天氣」而絕不交流寫作、思想之類的話題。

結語：保護眼球與思考自由

這樣的實話讓畫家朱紅很欣賞，他給我抄了一句聶紺弩寫林沖的詩句：「男兒臉刻黃金印，一笑身輕白虎堂。」雖不怎麼貼題，並且我從來不讀聶紺弩的東西，但是還得花錢把字幅裱上。

為了自由，我寧願做隕落的巨星，而絕不會做聶紺弩與老舍那樣的賊星。約是一年前，一位北京文友建議我讀讀季羨林的東西，我嘲笑他說：我絕不會讀賊星們的東西，不讓它們損傷我的眼球，尤其不能妨礙我的思考自由。

閒靜之時修舊書

引言：在耳棚睡覺的孩子

我是個天性喜歡清靜的人，在清靜的環境裏往往能生產出意想不到的成果。這大概與少年時代的生活環境有關係。全家四口人，有五間老式青磚房，還帶有一個半間大的閒房，農村叫做耳棚的那種屋子。

有時，我就一個人躺在耳棚裏閑待，以至於弄出家庭事端來。有一次，看完小人書，又看麻雀，看著看著就睡著了。父親母親和我姐姐到處找我，連村邊的井裏都撈了，最後在耳棚裏找到了我。

一、麻雀之間會說話

大我六歲的姐姐挨了母親的罵、挨了父親的打，讓我很久感到有還不完她的「人情債」。無論我如何向姐姐解釋我思考了一個關於「大雀兒（麻雀）之間會說話」的問題，姐姐都說我「編瞎話」。

那天，看小人書時，有幾個麻雀飛來飛去。本來它們就不驚恐，太陽光不太足的時候就更活躍了，似乎我就是耳棚裏的一捆柴禾。那是秋天，夏季孵出的小麻雀已經步入它們的青年階段，有大膽的就飛到離我耳朵不遠的位置，側著眼瞅我。我從未如此近距離地和它們接近過，也從未感覺到它們是這個小屋的元素。

一切變得陌生起來：這小東西除了不會和人說話以外，其他的都和人一樣，它們之間說什麼，我又聽不懂。就這樣胡思亂想著，迷迷糊糊進了夢鄉。那個夢真奇怪，多次成為我的夢中之夢——我坐在像樹墩子又像農村飯桌的一個器物旁，有各種各樣的麻雀和我說話，有一個特小的，還是全身藍色的。

由於這個夢，我第一次到北京動物園看鳥類館時，覺得自己曾經到過這個地方。

二、特殊環境裏發現珍品

少年時代，無論上初中還是高中，就算學習環境再緊，我也不和同學們討論問題，也不怎麼寫作業，而是一個人到個清靜的地方去思考或寫作業。老家村邊的土河（是為黃河支流之故道，漢代叫「徒駭」，現名為音轉之故）有個拐彎的地方，是我帶著書和本子以及小板凳常去之處。不管是炎熱的盛夏還是深涼的晚秋，只要在家，我肯定到那裏坐下，寫寫，思考思考。春暖花開的時節就不必多說了，有時甚至要家人把午飯送去——弟兄一個，「寶貝」，可享受這樣的特權。

我頑固地相信我未認字以前就來過這個地方坐過，就像後來第一次去動物園鳥類館的錯覺一樣。有時，錯覺也是很美、很有哲學味道的東西。

我喜歡一個人的清靜，尤其是掙錢吃飯的活計都忙完的時候，翻翻年久之書，其趣雋永！今天（二〇一〇年八月七日），女兒實現了暑假重要安排，一早去了秦皇島參加夏令營；太太則到鄉下幫我姐姐忙請客的事情——她的第三個孫女出生十二天的喜慶；兒子呢，早早去踢足球了，他們八輪賽事才進行了兩輪。我呢，把一九七四年的兩份小資料整理一下，做標籤的做標籤，載錄到學術筆記的簡單做了索引。當然，這小資料不是我在一九七四年獲得的，而是以後用速食麵和火腿腸在監獄裏換得的。

第一份叫《林彪是現代中國孔子》，第二份叫《批林批孔文章彙編（一）》。和我同齡的人大體能知道這類的資料是文革尾期的東西。對於許多人來說，它們是廢紙無疑，而對於我這是某個時刻的某篇重量級學術論文的參考文獻。

三、有哲學味道的操作細節

認知視角不同，對待同一種東西的看法自然不同。這種不同與產生美麗錯覺的那種感受是不一樣的。在哲學層面上，只有雅斯貝爾斯和莊子以專門論題描述過。

把資料裏生鏽的書釘慢慢挑下來，而後措齊。用裁紙刀給計畫合訂的小資料「量體裁衣」，從古老紙上切出大小合體的封面。然後，找針和尼龍線，這兩樣東西家裏常有。再後，將美國駐華大使館日常寄贈的《華盛頓參考》英文資料的牛皮紙信封裁開，在古老紙外面加套封。用針先期穿孔要非常仔細，孔距是用尺子量出來的而不是隨便選。穿線也有講究，從一頭往另一頭「傳」，要借過等距空，以便返回來時補上。只有這樣，才不出檁子和死疙瘩。

雙面膠在修書過程中不可或缺，而且是越貴的越好（最貴的也超不過十塊錢一卷去）。把雙面膠貼在尼龍線上後，先揭開底下的，將整個的書往牛皮紙套封上一壓，牢靠後再揭開上面的雙面膠，把套封往上一攏，好好壓壓。一本「舊貌換新顏」的小書出現了。

雖然說新瓶裝了舊酒，感覺還是蠻好的。怎麼形容？說灰姑娘變成白雪公主啦，說人配衣服馬配鞍嗎？都行！

結語：一個人的浪漫

整個過程一種美美的享受。怎麼個享受法兒？恐怕聽著薩克斯、喝著紅酒才能匹配。可是，薩克斯再好，對寧靜的意境也是一種破壞。

世上之事，本來難全。知道主雅客賢之可遇不可求，就知道薩克斯與寧靜之心的關係啦！俗心連詩，還是寫首來結束這段一個人的浪漫吧！詩曰：

豈止婦人巧穿線，
細疊珍簡手法輕；
心遊少年舊夢裏，
思飛晚霞新雲中。

幸福與責任並不對立

實在沒想到發在網易博客的小文〈幸福是可以揮霍的〉，點擊量超過四千。評論也是認同的多，批評（叫罵）的少。這無疑又增加了我的幸福感，同時，讓我在哲學層面上繼續思考。碰巧，臺灣一本叫《講義》的雜誌上也在討論這個問題，（二〇一〇年）八月五日有文曰〈幸福不是一切，人還有責任〉。其文說道：這個命題是哲學家卡繆的原話。原話不假，但難免有望文生義之嫌。我不敢稱完全瞭解卡繆這個以文學成就獲諾貝爾獎而著稱的哲學家，但我記得他有另一句名言，說為：我反抗，所以我存在。

反抗，是一種不可放棄與迴避的責任，這裏面也充滿了幸福，儘管以純世俗的眼光看來，裏面有老大老大的風險。其實，理性人只要真正理解反抗的意義，就發現它不僅存在於街頭遊行以及媒體上的慷慨陳詞，而且存在於個體選擇當中。甚至說後者更為重要。

我們習慣於某種模式但又很不情願，這就要看自己有否反抗它的能力，能否從中獲得幸福。更具體地說，人們都不太喜歡「花錢買飯票」的婚宴，那麼，誰有勇氣從自己做起，誰就從反抗中獲得了幸福。比方說，我對兒子說：「不管你什麼時候結婚，希望我來出面大辦，收禮、請客，做不到。我可以出錢支援你新婚旅遊，但你別指望我有把隨出去的錢收回來的打算。」也許這有專制之嫌，但在以不同的方式盡到責任時，給自己和許多人帶來了幸福。不喜歡「花錢買飯票」的人解脫啦，而真正有交情，坐下來宴樂，根本就與「禮」不禮的沒什麼關係。更深一層的哲理是：絕大多數人無法盡到維護自己幸福感的責任，因此，他們會把勉強的虛假責任與隨機的真實幸福給對立起來。

人，最大的幸福是心靈自由，就像莊子所追求的「無所待」境地。人類到目前為止，還沒一個人達到此境，而卡繆關於世界本質是荒謬的存在主義哲學判斷恰恰堵死了這個路徑。不過，在現實的世界裏，哲學思維仍是人幸福的主要源泉。比方說，許多人說自己受了媒體的騙、受了政府的騙、受了至交的騙，那麼，你當初的判斷力哪裡去了?!

當一名公眾人物信誓旦旦地說「我以人格擔保」時，你會有「擔保資格審查」跟著他嗎？如果沒有，只能盲從。人們有太多的抱怨指向林林總總的信誓旦旦，但是很少能投入精力防止「假擔保」的發生。結果，畢生追求的東西可能永遠得不到，更為殘酷的是得到之後卻完全不是原來想像的樣子。

這樣的不幸福的結果，原因就在於當初人們在作出選擇時就放棄了真正的責任，而那種責任絕不是外部強加的，而是來自於心靈深處的一種自我保護願望，甚至一種精細的權衡能力。簡單地說：最大的不負責任就是隨大流，最不幸福的結果也是隨大流導致的。眾多散戶股民被大鱷級的莊家所削砍，是再實在不過的案例。

在更為現實的生活中，絕大多數人受制於無形的大韁，既不想盡維護自己幸福的責任也懶於思考生活中的哲學問題。所謂的世界荒謬實際上是多數人心甘情願接受的荒謬，它與清醒而幸福的少數幾乎沒有關係！

幸福是可以揮霍的

昨天（二〇一〇年八月十五日）和幾個球友餐敘，碰到一瓶真白酒，更巧的是七八個人只有兩個喝白酒的。我算其中一個。現在，是一個真品白酒極少的年景，所以，昨晚的幸福感覺到早晨還沒有消失。

清早，太太問：「你小子又笑咪咪的，想發壞不是？」

「上帝讓人和平喜樂，難道你忘了這個道理？」我反駁了她的質問。而後，商量去政府門口。不是請願，是吃吉祥餛飩去。哈哈。那是本城唯一有品位的餛飩店。兩碗餛飩，一瓶啤酒。早晨喝啤酒？其他食客有點詫異，女老闆知道這不是第一次，推薦的花生豆兒五塊錢一份。我說：「只來兩塊錢的，願給多少給多少吧。」

有兩個看來不到三十歲的食客，開玩笑地說：「不炒個菜兒啦？」

「不需要菜兒，有雅斯貝爾斯足夠了。」我說。

兩人中的一個問：「沒聽說過這牌子的啤酒。什麼斯？」

我有點炫耀地說：不是啤酒，是一個哲學家的名字，他說過「沒有任意就沒有自由」。早晨喝啤酒是我的任意，咱挺任意，也挺幸福。

我還想來一瓶，太太給打住了。喝湯，把湯餛飩湯全喝了。繼續把幸福喝下去，美美地享受。幸福，在絕大多數情況下不需要尋找。幸福有時就像一塊躺在面盆裏的酵子，看上去並不好看，但一旦發起來，會帶來好多的任意——你可以做小包子，可以蒸花卷，可以做糖包兒，再懶一些就團幾個大小不等的饅頭吧。哈哈哈。

幸福是可以揮霍的資源，就像天才們的智力一樣。天才的一生可能除了幸福的感覺以外，很少再擁有其他的東西。不會享受幸福的人不可能是哲學家，也算不上天才。由於這樣的理解，我不喜歡尼采，也不喜歡海德格爾。我偏愛雅斯貝爾斯，因為他知道任意裏面有自由，自由裏面必然有幸福。如果雅斯貝爾斯真的是啤酒，我寧願天天喝這個牌子，而且是早晨喝。哈哈哈。

幸福對我來說，可能是第六感覺。覺得它將被傷害的時候，我就蜷曲在某個角落，甚至不惜編造謊言以求不在場的自由；覺得它要發酵的時候，我就歡蹦亂跳，和它耳鬢廝磨。

也許有人喜歡早晨的空氣，喜歡早晨的陽光，那很正常，那裏面也有幸福的因子。但是，如果能在早晨喝一瓶裝滿雅斯貝爾斯任意哲學的啤酒，那麼，和平喜樂就會比空氣和陽光更有幸福的意味。

至樂之魚，似曾相識的東西方文明

引言：莊施的簡單對話

約距今天約二千三百年，某一天，兩位中國哲學家一條小河裏圍魚的小堤上遊玩。其中一位說：「看那魚兒，多麼快活！」另一位質疑說：「你又不是魚，怎麼知道魚也有快樂呐？」若是換了平常百姓，話題可能就此打住。但是，哲學家之間好辯論的習慣使二人的對話繼續下去。說魚有樂趣的是莊周，也就是經典文獻上常提到的莊子。與他同遊的朋友叫惠施，亦稱為惠子。「子」在經典文獻裏的含義，是對有成就的人的尊稱，相當於今天叫人「大腕兒」一樣。不過，在兩人以後的歷史流變過程中，惠子遠不及莊子名聲大了。

為了表達自己的哲學思想，莊子很不客氣地反問惠子：「你又不是我，怎麼就斷定我不知道魚的樂趣呐？」接下來的辯論還有。這個辯論過程記錄在《莊子》一書的《外篇・秋水》一文裏面。

一、從暢游的魚到「自我的人」

哲學史家們一般認為《莊子》一書的內篇是莊子本人的親筆，外篇還有雜篇或為莊子門派的傳人所寫。不過，這場精彩對話的哲學思想在《莊子》一書的《內篇・大宗師》一文中有根源性表達。在那裏，莊子說：「道，這東西，可以傳出去但被傳的人又無法接受，可以被人得著但又無法描述其內容。道，本身就是根，是本，沒有天地就有了這東西。」

玄，很玄！超驗的玄學。莊子諷刺惠子，本質上就說道是惠子所無法領悟的。惠子讀書很多（當然藏書也很多），《莊子》一書《外篇・天下》一文說：「惠子有很多方略，他讀的書有五車之多。」——成語「學富五車」就是從這裏來的。要是連學富五車的人都搞不懂莊子超驗的玄學，恐怕一般讀書人就不摸門兒啦！

雖然說幾乎無人真正把握莊子超驗的玄學，但是，這樣的學問還是可以被重新發現的，或者是可以複製的。距今天七八年以前，一九三二年，作為德國存在主義重要哲學家之一的雅斯貝爾斯在他的《哲學》一書中，論述「自我的人」問題時，幾乎重複了中國古代哲學大師莊子超驗的玄學。他說：真實的自我不是心理學的經驗自我，它是既不能認識也不能定義的，「一旦把它想成現實的，它就變成不現實的」。

二、用事實說話或用想想發揮

雅斯貝爾斯的學問不是有點兒玄，而是很玄。儘管雅斯貝爾斯比之於黑格爾、康德的名字尚沒達到兩者的知名度，正如惠子的名氣遠不如莊子那樣。但是，雅斯貝爾斯超驗的玄學給我們提供了莊子復現在西方文明中的鏡像。特別指出的是：在西方哲學裏面，「經驗」作為一個基本概念和「超驗」是完全對立的。經驗，要求「用事實說話」；超驗，要求「用想像發揮」。

雅斯貝爾斯的「不能認識也不能定義」來自莊子的「無法接受」與「無法描述」；雅斯貝爾斯關於「現實」與「不現實」的關係早在莊子「魚的樂趣」之舉例那裏有了注解。莊子「魚的樂趣」可簡白地翻譯成雅斯貝爾斯「密碼的真理」。後者說：「密碼的真理不是普遍性的，而是獨特的，每個個人的真理。」

難道雅斯貝爾斯讀過《莊子》一書？答案無法確定。首先，雅斯貝爾斯不懂漢語，無論是現代漢語還是古代漢語，他都不懂；其次，《莊子》一書沒有德文譯本；複次，《莊子》一書最早的英譯本出版於一八九一年，但沒有任何資料證明雅斯貝爾斯讀過《莊子》英譯本，特別是發表過有關評論，或在其著作中引以為參考文獻。

三、文明總是可以互溶的

如果雅斯貝爾斯超驗的玄學確實化自《莊子》而他又不做說明，那就成了一個學術誠實問題，或者說一樁學術公案。但是，通過文明比較的方法，來看待諸如此類的現象，這樁學術公案成立的可能性不大，因為各個文明之間存在著許許多多「似曾相識」的地方。

比如說，當代西方文明的兩大支柱古希伯來文明與古希臘文明（專業學者們簡稱此為「二希」），與中華文明的關係就是如此：其一，古希伯來歷史中無敵大力士參孫被妓女所惑以至於喪身的《創世紀》故事，與中國《史記》中記載的商紂王（也是大力士）被美女妲己所惑而亡國的故事可謂異曲同工，且後者還成為後世文學的一個素材，《封神演義》就是基於這個史實的創作；其二，古希臘荷馬史詩《伊里亞特》與中國文化經典《詩經》當中的尊祖系列《周頌》具有同樣的崇拜英雄的情結，儘管學術界對這一相似性長期予以忽略。

以上四種重要文獻具有時間上的差別，但是，我們不能推斷出：《史記》晚於《創世紀》就存在「抄襲」的可能，《伊里亞特》晚於《周頌》也存在「抄襲」的可能。正確的結論是：中西文明在此不僅「似曾相識」，而且還具有良好的互溶性。

結語：「一家一子」非漢學

在莊子與雅斯貝爾斯的邏輯線索之下，我們可以獲得大量的新發現，這種發現也確為這個世界所需要。國際上，正在興起一種以澳大利亞前總理陸克文主張為導向的「新漢學」。這種學術的取向是要全面地瞭解中國的歷史和文化，而不是局限於以往的模式。

在我來理解，中國供給世界的文明產品僅僅以儒學為限是遠遠不夠的，因為儒家只是百家裏面的一個「家」，孔子也只是諸子裏面的一個「子」。

當時代有愧於一些人的時候

表揚一個傑出的人物，尤其付出生命代價的人，評論者會給予「無愧於這個時代」的讚譽。我們可以不考慮這個「傑出」的道德背景道德與否，也可以不在乎評論者的官方立場是否真實。但是，在當下，「無愧於這個時代」的讚詞似乎過時了，好像漸漸被一代人忘卻的經典電影臺詞。

經典電影臺詞被忘記，是因為新的影視作品供給之於個人精神消費能力，已經趨於無窮大。而時代是否還值得無愧，已經成為大問題。也許普通人分不清實用主義與機會主義的區別，但是身處笑什麼不笑什麼的時代，「時代」即便沒有喪亡，也確實貶值了。還好，我不是道德潔癖，總還以自由主義的眼光看待問題。比如，笑什麼不笑什麼，我理解為自由的拓展與交易領域的擴大。

如果一定說公知要代表時代思考，我不敢擔當；如果一定說公知要逆時代思考，我想說的是除了激情之外，理性的成分應當佔據百分之九十。這正是我對笑什麼不笑什麼的寬容之原因所在，或曰哲理之由來。理性，可能帶來許多人的不愉快，尤其公權力的焦慮，還尤其公權力基本上情緒文盲化了！簡單地說，作為公知，你必須面對時代愧於你，以及愧於你這樣一些人的情形。

抱怨，發動革命，都是可能的選擇。批判，倡導啟蒙，都是必須的操作。然而，在你活著的瞬間，以及這些瞬間連成的生活，應當有必要的道德上的正確。

道德上的正確遠高於政治上的正確。

具體到個人選擇，我可能會遠離原來所熟悉甚至投入一定感情的圈子、群體，也會在瞬間連續構成的小生活中採取冷卻措施。舉個例子來說，假定我的同學中有像壓甯、王立軍那樣的酷吏，我就不再參加同學聚會。這不是嫉妒，而是精明且謹慎的政治投資，儘管相反的政治投資操作也存在——有的同學或許認為借助前者的飛騰之勢獲得預期利益。但是，擁有基本道德上正確原則的我，絕對不會對前者進行感情的、政治的投資。

再舉個例子來說，在一個沒有政治性也沒有學術性的小生活圈子裏面，我覺得自己不可能向有意交往我的人提供道德標準，甚至也沒有任何必要（大家是來鍛煉身體的，不是開學術沙龍的），我就會善意地躲避那些交往意向。在具體操作上，也有技術，比如扣下手機卡，主動消失幾天，再比如連續幾天不出現在那裏，凡此等等。沒必要恨惡不合你道德標準的熟人，但疏遠還是消極寬容的辦法。遠離道德不自覺並不意味著孤獨，也許這是迄今為止人們仍未發現的閱讀的功能之一。

閱讀的意義在不斷地擴展，網路社交如微博者，線上輕鬆如電影者，都是不錯的選擇。孤獨，不是可恥的，相反，在彎曲悖謬的時代裏，孤獨是極有價值的。有些研究者已經發現了孤獨的奧妙，從而給「時代」一項新的注解。

當你所處的時代有愧你的時候，不一定回以怨毒，就輕輕地拋棄它吧！

由瞬間組成的人的生活是有限的，而「時代」作為放大的瞬間連續是無限的。把我們的有限寄託給無限，讓你的映射在另一個時代裏出現，也許是最好的補償。因此，在輕輕拋棄有愧於你的時代之同時，你要寫作或採取特定方式言說。

假如時代可以是任何人的情人，你對它並沒投入真情，拋棄也就不成其為不義。僅僅是理性的選擇而已！最重要的是，別人對時代情人的貪戀並不能成其為你的參照。

神一百的時代，有否可能？

姚晨微博粉絲一九五五萬。《人民日報》說的。這個數是該報發行量的七倍。換算一下，《人民日報》日發行量約二百八十萬份。很浪費紙張！對《人民日報》真正感興趣的，只有兩種人：其一，地方中高級官員，如正市長和副省長，他們關心自己的工作是否該報導了一下，即如何藉最高黨媒出政績；其二，外國在華情報人員，他們要從看似陳辭濫調的社論和評論中嗅到中國高層政治的微妙變化。

在各個機關單位，訂《人民日報》是政治任務。所以，訂了有沒有人看，就是另外一會兒事情了。換句話說，該報對絕大多數公務無人員來說，是不存在的。或者說，言者諄諄聽者藐藐——這樣說好聽一點。訂《人民日報》的政治性是讓人很無奈的事情。比如，我內弟在郵局上班，有任務，結果，他就給自己的老爸訂了一份。他老爸，我岳父，根本就不看。或者，鋪鋪狗窩、雞籠，或者蓋蓋食品，絕大多數的《人民日報》連打開過都沒有，「新著」一捆子賣給收破爛的了。

就《人民日報》在農村的情況，我專門調查過一次。大體是：退休且在鄉下住的老幹部，訂一份，也不怎麼看，旨在表明自己的身份與鄉親之不同；其二，黨支部有可能訂一份，看嘛，不用講，有時被支書的鄰居要去，或者是打自用水泥板什麼的來鋪地，或者就是糊什麼東西。二十年以前，農村糊死人車馬或錢樓子的裏襯還用《人民日報》等報紙，近十年，人們要求高了，報紙被廢棄了，專用上好白紙和彩紙了。不過，二〇〇三年秋天，還是看到一個大花圈的背面裱褙著《人民日報》，一個戴眼鏡留背頭的頂尖級領導人的圖片，臉部一半在秫秸外、一半壓在裏面。有個參加喪禮的人開玩笑說：這傢伙比死人還難受呢，眼鏡都被折了，一會兒，還得被「火化」——花圈要燒的。所以，上《人民日報》的人不管你身份多麼高，讓人瞧不起的「社會情節」還是很多的。

正如，市長和副省長級別的官員上《人民日報》是一種政治自慰而和百姓無關，也即他們遠離社會真實一樣，《人民日報》本身雖有主流媒體之號，實無主流之實。接下來的問題是，本來已經被社會邊緣化的東西和人群，他們卻頑固地說自己是主流。除了可笑，更是可怕。你相信嗎？一個胡言亂語加上自言自語的媒體，它說自己在傳播真理。我想你的感覺如果是嚴肅的，一定是心生可怕。你相信嗎？一個官員集團盤踞在人民之上非盤剝即暴力，他們還說「密切聯繫」。我想你的感覺如果是輕鬆的，一定是心生悲哀。

有了這兩個「相信嗎」，你也一定會發現：其一，我們的社會政治已經扭曲到「心理變態」程度，權重集團實際上是生活在「虛擬環境」裏的；其二，我們的官員或曰社會管理者已經深陷一種叫做「反聯繫」的可笑、可怕、可悲的政治生態之中，而且這種「反聯繫」的存在要靠收費和罰款來證實。

這樣的國家如果還有希望，尤其是用合法暴力維持現狀的國家，在地球上沒有，在太陽系也沒有。整個銀河系裏面能有幾個，但是科學還沒給我們探明這個猜想。我們唯一寄託的希望是讓神七神八升級到神一百，飛出太陽系，給我們編一條假新聞回來，發在《人民日報》上，說某個星球有與我們一模一樣的國家。只要《人民日報》還存在一天，這種可能就會有的，而不管神一百是否製造出來，是否真地飛出太陽系了。

想想吧，一萬斤的大山藥都會出現在這張報紙上，它還有什麼新聞編不出來。但凡有點廉恥感的老闆早把它關板兒了，事實是，它不但沒關板兒，而且每天還有二百八十萬份的發行量。此事在銀河系也是絕少的！

不僅這張報紙沒有關板兒，而且它滑天下之大稽地教育人民什麼是正確的價值觀，什麼事是不該做的事情，有若干種光榮，有若干種恥辱，云云。正所謂「前堂審姦婦，後堂窺婦容」也，正所謂「白日緝盜，黑夜做賊」也！當然，這兩手做得最好的不是報紙，而是政治人物——重慶模式的創始人是也！在另一方面，若沒有《人民日報》對他之流的日積月累的薰染，斷然不會成就雙面人生！

性、恩怨以及情人節的「人情化」

也許是有先見之明吧，在情人節之前（二月十二日）寫併發了〈不妨測量一下自己的性品位〉博文。今天（十八日），看到兩天前的報紙《參考消息》有譯介英美兩國報紙報導中國情人節的消息。（我們這個四線小城市，收到來自北京的報紙有兩天的時滯，是正常的。）

十六日的《參考消息》該方面譯介的一個消息來源是英國《金融時報》網站二月十四日報導，「中國：所需的就是愛和錢」，其援引事例有：北京的一個年輕男子花了一千元，給女友買了九十九朵紅玫瑰；南京一位年輕男子打算花掉月薪的五分之一，給女友買一瓶香水。應當說，情人之間，不管是設定婚姻結果的戀愛關係還就是簡單的婚外情，花點錢表示感情無可厚非。換言之，只要不掉入敲詐、補償之類的案件或糾葛，就不算認真對待的事情。然而，九十九朵玫瑰是否會隨著時尚而變成九百九十九朵的需求？花掉本不算多的工薪的五分之一，是否意味著明年會舉債過這個節日？

英國記者對玫瑰的數量升級表示自己的看法，寫到「沒準，這位女友更想要九九九朵」。記者說的是現實估計，而不是明年的情人節「價格」。對於香水的升級，記者則沒說什麼。我對這裏面的升級，持肯定態度。因為人情成本隨著時間的推移是逐步上漲的，如果有人拒絕隨行就市，就會出現人際恩怨。同理，情人節在中國基本「人情化」，因為年輕人在精神層面要消費這個東西，要互相攀比。

聽一位八〇後女孩子說，她的同齡人大多有四五十歲的男人為情人，有的甚至還不是一個。有的不是為了錢而是這麼生活，要不，別人瞧不起。女孩的原話比較粗俗，我只記住了大意。憑社會經驗，我不怎麼認可不為錢的說法，儘管不能排除純粹精神層面的需求而肉體之歡從屬於精神交流。

對於這次談話涉及的社會學實證我也沒去尋找，但我知道「人情化」的情人節是以感情消費為指向的，其真正的文化依託還是中國固有的攀比之風，而攀比之風必然出現恩怨。「人情化」消費還帶有一定的人性積極因素，比如隨禮當中的互助含義，但是，恩怨卻是完全毒化人情的因素。這裏，已經沒必要對人情加引號了。

恩怨，比金錢和權力介入兩性關係，其後果跟可怕。或許，恩怨本身就由金錢的異議、權力的級差而產生。設想一下：一對本來兩情相悅的男女，在歡快雲雨之後，突然為瑣事爭吵，該是多麼令人尷尬的事情！許多傳說的風流韻事裏面總會帶出恩怨的成分。比如說，一對情人在雲雨之後閒話人際關係，不知何故涉及對女方家庭成員的尊重問題，女方大肆叫喊，威脅男方要把事情捅到男方單位，以至於現在打手機叫男方的老婆來「出現場」。接下來，男方作為「傷害者」跪下了，乞求女方息怒。

這究竟是兩情相悅的幽會還是私家車追尾現場呢？女人究竟是精神消費的滿足者還是主動進入角色的「受害者」，就像碰瓷當中的熟練工？

噁心！除了噁心，還是噁心。在一些所謂成功男人的宴會上，這類的風流韻事會常被提及，有類碰瓷的幽會的男主角往往又在場。我不否認是宴會的參與者，甚至是調侃臺詞的發揮者，儘管我一直精明地未涉足那種醜陋的風流韻事。不過，從性想像的角度看問題：能稱得上風流韻事的兩性相悅，一定不會以碰瓷或追尾的形式散佈出來，而是兩個人保守一生的哪怕只有一次的交流。繼續推理，那就是：真正的風流韻事從來沒有被發現，就像傳說中的外星人事件。

繼續在哲學層面討論性問題，是件不錯的事情。至少，〈測量〉一文的點擊量還在上升，評論也在增加。僅僅從古典的中國哲學之事功學派的視角看問題，這仍然是──人欲就是天理──命題的證明。所以，我也就沒有必要苛責性關係裏面的恩怨，追尾或者碰瓷。為了自己的性想像，也為了真正的風流韻事的際遇，還是慢慢等待吧！

不妨測量一下自己的性品位

引言：社會學的網路話題

一個網路「熟人」（網名：陽光月月）轉發了一篇文章，大概內容是一個跳舞的七十歲的老者跟一個女舞伴產生了感情，有了私密的床上關係，結果被對方老公敲詐。事情鬧大，形成刑事案件且自然是對方犯罪。

這樣的話題是社會學的專業問題，也是新聞界的素材。但是，要從哲學上探討裏面的含義，卻是極少有人做的，在中國的所謂傳統裏面尤其如此。

一、不確定性能夠帶來刺激

人們幾乎不可避免地私下要思考性裏面的哲理。比如說，結婚與愛情的關係。有言道，婚姻是愛情的墳墓。其實呢，婚姻之前的愛情，是圍繞性渴望而進行的博弈，它具有不確定特徵或曰遊戲特徵。遊戲對人類思維的刺激是文明得以生成並存續的基本動力，這在足球與戰爭的關係中，能體現的出來。

接下來，婚姻為什麼會埋葬了愛情呢？這個說法，首先不全面甚至偏頗。我們不討論應然之狀而是看它的實然之態。正是婚姻為性帶來了確定模式乃至於最狹義的性責任，它的遊戲特徵漸漸消失了。

人類是個奇怪的思考體，也是欲望深刻的需求者，因此，在追求關係重大的確定特徵如財富與地位、聲望的同時，還會喜歡不確定帶來的遊戲效果。

狹義的性責任與性道德幾乎沒有關係。最直白地說，婚姻關係中，一方有性要求，另一方即使沒有願望，也有配合的責任。這很令人無奈，對理想化的人來說，這無異於壓力或煩惱。

二、性品位永遠是奢侈品

既然婚姻存在，人就要承擔這類的成本，而婚外性行為正是彌補這類損失的好辦法。如果把道德問題經濟學化，那麼，婚外性行為不僅合乎理性，還合乎人性。這基本上回到中國古典哲學下的一個命題——人欲即天理！

特別強調的是，婚姻之外的性一旦和錢、權力等有了瓜葛，性的品位就完全沒有了。本文開頭說的網路「熟人」所轉的文章之敘事例就是一個完全失去品位的證明。

作為學者，也許我有太濃的精英化情節。這可以接受批判。但是，通過上面那個事情，我基本印證了自己的哲學與社會學命題——對於底層社會來說，性品位永遠是奢侈品。這很殘酷，又是事實。換句話說，不管一個人的資產水平有多高、聲望有多好，只要沒有在性品位上得到實現，他（她）永遠是個底層社會成員。

坦率地說，我和不少女性交流過性話題，儘管雙方都不是為實現自己的需求。但是，結果令我失望，也就是說，我之所以沒有和交談對象上床，是因為我覺得和那樣的異性實現不了性品位。正如我對食品挑剔，「能管住自己的嘴」（愛吃的老婆如此評價我），我也能管住自己的性欲。我不是沒有婚外性行為的欲望，只是沒有可能的條件。或者說，在中國社會，我認了。幾乎沒有一件婚外性事不與錢有關係，幾乎沒有一段被傳說的風流韻事不與權力有關係。

三、思想是乞討不來的

今天上午（二〇一二年二月十二日），在我的家裏，我和一位還算有些品位的女人對話，討論性問題，並且老婆也是時不時的旁聽者。我和對方沒有「互相的願望」，因此老婆也不以為這是什麼「見不得人」的人際交流。但是，結果仍令我失望的。因為對方一直認為自己應該控制住丈夫尤其性控制，她甚至要帶著孩子去找一個她認為和丈夫有「關係」的女人，嚴肅告地訴對方不能約自己的丈夫去打麻將。其中，她最忌諱的是那個女人獨身（離異後未再婚）。

我聽了十分吃驚。因為這裏面缺少最常識的判斷：第一，性作為一種幾乎與心理活動一樣的行為，是不可能完全被監控的，而且監控的成本非常之高——開玩笑地說，比反腐敗的成本要高一萬倍；第二，沒有婚姻並不代表沒有性行為，同理，有性行為不一定意味著有生育。

談話成功，在於交流了社會話題；談話失敗，在於連這樣我看著還算有品位的女人都如此，其餘的就不用說了。我們處於一個物欲格式化了思想、權力拆遷了靈魂的時代，男人的性品位總體上低於女人是不易的事實。性品位是個遙遠的問題，對於中國人來說，如是。對於我來說，更如是！正是由於這一點，我對婚外性行為持非常寬容的態度，甚至和錢、權力掛上鉤也不是不可饒恕的罪惡。畢竟大多數人是真正的底層。

更升級的哲理結論是：一個人沒有食品，可以放下尊嚴，靠乞討獲得；沒有錢財，可以冒險搶掠獲得；但是，沒有思想，是乞討不來的；沒有靈魂，是搶掠不來的。正如我和那位還算有品位的女人對話的結論：你不過是一個西西弗故事的再版，你的一切沒有任何意義。換句好話說，你的性觀念決定了你不存在。

結語：虛構與性想像

存在，不是一個非常玄妙的哲學問題，儘管在西方語境裏，哲學家們做濫了這個話題。當然，為了解決大多數人的西西弗狀態，法興格意義上的虛構還是有必要的。因為，那種虛構提供了一種效用，使沒有意義變成多數人存在的本質。

非文學意義上的虛構，對我這個需要婚外性行為又無從實現的人來說，我仍然可以有性想像。正像「假如上帝不存在」被證明，而信仰作為人的基本精神需求不會消失一樣。

致屌絲：窮人要尊重自己的出身

引言：更高質量的改變

對於貧窮的嘲諷，基本上成為這個社會的一個時尚。這個時尚的道德性與娛樂性算大體各占一半。在另一端，普通人少有常甘於貧窮者，這是人之常情。而那些自甘貧窮並因此贏得了不世名節的人雖然是極少數，端在於那種名節是更高層次的富有即精神世界的豐滿。

對於出身低微的窮人來說，窮不是原罪，僅僅是機會的匱乏。如果獲得改進的手段，何樂而不為呢？窮人的出身不是恥辱，相反，對於那些從窮人基礎上變為成功人士的人，相對於資源多的富人與官員，能夠贏得更多的尊重。所以，窮人沒必要輕賤自己的出身。最為關鍵的是，有沒有改變現狀的願望，特別是發生一些改變後，還尊重自己的出身，並在改變的基礎上追求更高質量的改變。

一、兩句諺語的深層含義

抱怨出身的人不可能有光明的未來，即使偶然獲得成功，也會因心理陰暗而致使精神世界出現巨大的失敗。人們開玩笑說「窮人翻了身，比地主還厲害」，就是這個道理。還有，中國古訓有云「浪子成名，莫提舊時」，也是對心理不健康的窮人出身的成功人士的一種諷刺。這句話也告訴那些試圖攀援前者的人，如此攀援不是件好事，甚至有危險。

能否成功地擺脫經濟與精神兩方面的貧窮，關鍵中的關鍵是一個人有沒有「神學觀念」。這裏的神學觀念，與一般層面的信仰沒直接關係，儘管它也需要一個人有一定的信仰。在整個的錢信仰時代，神學觀念快消失完了，而惟其如此，它才是窮人更需要的東西。

有信仰，不一定加入某個宗教，也不一定做某種儀式，而是說堅定一種彼岸精神：既然我們窮人也是這個世界裏會說話、會思考的生物，美好人生也一定能夠像涉水一樣，對岸有我想像的「另外的那個我」。堅信「另外的那個我」的存在，其實遠遠超乎信仰的層面，而是這個世界的「最終神學」。它給出一個人無限思考這個世界的長度，在這個長度裏面，你不必為哪怕是相對長久的失敗而沮喪，也不必為謀求便捷所得而諂媚，更不用為可比較的同類成功而嫉妒或自慚。

簡單地說，窮人的神學核心就是自信與自尊。

二、鍛煉身體與減少社交開支

有了自信，才能自發地去做達到目的之微小積累；有了自尊，才能保持一種恒定的自律。舉兩個小「例子」，人們就不難明白其中的道理：

其一，假定你是個城市底層的窮女孩，你的父母都是普通工人，甚至靠低保勉強度日，而你自己面臨擇業、婚姻方面的諸多難題。首先考驗你的不是錢，也不是找個高富帥對象，而是你能不能每天六點起來鍛煉身體。

這樣說，好像不貼題。

你想啊，作為窮孩子，最需要健康來支撐身體，「基礎工作」做不好，其他免談。還有，起來鍛煉是漸漸形成的自發，使你不再賴在被窩裏胡思亂想，尤其哀怨自己的不遇。形成這種自發，你就會發現你與周圍的人多麼地不同！不再為半路上是否會碰見色狼而驚懼，甚至這曾是你不願有規律鍛煉的藉口。不再為天氣的冷熱而考慮工作環境，因為「自然現象」早已經從屬你的內心世界。

其二，假定你是個農村的窮男孩，你父母甚至認不了多少字，而你周圍頗有些富二代或官二代的同學或同事，你自卑嗎？

沒必要。但是，你必須有一個自律習慣，比如戒煙，比如只喝啤酒而不喝白酒。戒煙，能使你省掉一筆不小的開支，哪怕省下的錢不給父母而只是一個人悄悄地吃一頓麻辣燙或者吃一隻燒雞——補充營養，總比持續損害健康的壞行為要好。

擺脫不了同學或同事之間的吃喝，但總能不參與娛樂性的小賭。假定你有靠賭改變命運的膽量，就不如借一大筆錢拼上一把。而很可能，你能籌到那樣一筆錢，就不選擇賭博了。

三、精神層面的偉大自治

牢牢記住，賭博，哪怕是小賭應當是富人或相對成功人士的事情，因為那至少需要大筆的時間開支。一個不算時間成本的人不會變成標準的成功人士，一個傑出也即遠遠超乎成功的人一定是很會計算時間成本的人。

計算時間成本，不參與小賭，都是自律的表現。這樣說，不是一定過殘酷的低流量生活，而是世界上存在許多替代那些毀掉窮人成功蛻變的壞模式的另外途徑。

窮人喝白酒是個危險的事情！因為你買不起相對好的酒，只能喝低端的乃至於假酒，那會慢慢毀掉你的健康，甚至要了性命。

無論窮女孩的自發還是窮男孩的自律，在精神層面都是偉大的自治。當你進入自發並自律狀態時，一定會感到自己很偉大，就像傳說中（古書上）的名將——為將之道當先治心，猝然臨之而不驚，無故加之而不怒。名將之所以為名將，不在於他統領了多少兵力以及具備什麼樣的先進武器，而在於他能夠治心。治心，等於自制加自治，更可簡化為自發加自律。

結語：留給你孫子那代人的榮耀

每有小的成就，回首自己的出身以作激勵，你會發現貧窮的出身正成為你巨大的精神資本。不必謙虛，也不必虛偽，窮孩子或曰窮二代靠自己獲得零點一的成功，遠比富二代與官二代獲得十的成功更有意義。當你具有他們那樣的比你高一百倍的成功基礎之後，他們的父母基礎實在是算不得什麼了。

可以斷言：窮二代靠著自發與自律成功之後，孫子那代人的繼續成功絕非富二代與官二代所能比的！——這也是「最終神學」的世俗含義，因為你的出身給予了你成為創業第一代的資格！為此，你應當歡欣鼓舞。

魯迅的西學缺憾——阿Q畫圈的另一種詮釋

我不喜歡魯迅。我從來不掩飾這個觀點。但是，魯迅小說裏的人物還是可以作為案例分析對象的。並且，關於「阿Q精神」的貶義解釋被人們普遍接收後，它有點被平反的意思，說是人要有一點這個精神的，或是自我精神治療的一種方法。

人們記住了這個精神，相對地，對「阿Q畫圈」則不太關注。「阿Q畫圈」作為其精神的一部分是有其特定含義的，他要在一貫的自輕自賤與狂妄無知之間做出最艱難的平衡，在生命即將結束之際做好一個細節。人們固然可以嘲笑，連命都保不住了，還畫圓了那個圈子幹什麼？

這是一種可敬的專業精神。

這也不是胡說八道。只要你把「阿Q畫圈」與蘇格拉底面對死亡的心態做比較，不難發現這位中國底層人士還真有點蘇格拉底精神。蘇格拉底精神是否與「阿Q精神」的重疊之處有待深刻的學術研究，而只要往深處推導一下，也不難發現「阿Q精神」與「達文西畫蛋」也頗相似。

「達文西畫蛋」是一九八〇年（大陸）高考的作文題目。——記不太準，至少是一九八一年以前的事情。那個作文命題試圖告訴即將成為社會精英的學子們，以後你們凡事要認真。不幸的是，中國學術傳統裏面特缺乏認真精神。許多大牌學者不屑於畫蛋，乾脆抄襲。或者，編造出「方蛋」。方蛋作為喻體還有待討論，它是否真實地出現在科學中也不能一言以蔽之。

推究歷史，我發現阿Q與魯迅筆下的另一個小說人物孔乙己均可能出自紀曉嵐的《閱微草堂筆記》（至少一種參考因素），是裏面的一個故事的一個人物。那個故事說紀曉嵐的高祖父有個好朋友，滄州的劉羽沖，食古不化：「偶得古兵書，伏讀經年，自謂可將十萬。會有土寇，自練鄉兵與之角，全隊潰覆，幾為所擒。又得古水利書，伏讀經年，自謂可使千里成沃壤。繪圖列說於州官。州官亦好事，試與一村。溝洫甫成，水大至，順渠灌入，人幾為魚。」

劉羽沖作為紀曉嵐高祖的朋友，應為清朝初期的人。這個故事說明清朝初期的文人學問很毛糙，治學態度尚可——敢於實踐，只可惜沒能從失敗中總結經驗，再做實驗，如達文西畫蛋者。在另一端，劉羽沖的本意不在於濟世而在於謀求官方認可即相應地位，所以，先自吹有將才；而後治水時，又經過正當途徑謀求州官的支持。中規中矩的研究和實踐都失敗後，劉羽沖受了精神刺激。紀曉嵐寫道：由是不自得，恒獨步庭階，搖手自語曰：「古人豈欺我哉！」

不難看出，在魯迅的小說裏，孔乙己與阿Q身上都有劉羽沖的影子。猜測而言，這是魯迅對其前的歷史人物紀曉嵐關注之故，儘管魯迅對紀曉嵐持否定態度。孔乙己的茴香豆的「回」之多種寫法，無非是劉羽沖的兵法水利兩類書籍之覽；阿Q堅定地要畫完一個意味命運終結的圓圈，無非是劉羽沖認真練兵以及將水利計畫鄭重其事遞交官府的行為之改版。

劉羽沖還有他的衍生品沒有蘇格拉底的從容，也沒有達文西的執著。這背後實際上是從紀曉嵐到魯迅的西學欠缺的寫照，尤其是魯迅，他畢竟留過東洋，在那裏西學早已成為顯學。魯迅拒絕畫圈的悲劇，因此也拒絕專業，放棄了醫學。魯迅不想生活方式發生巨大波折，因此定位於文學。他的成就之高，多是後世政治需要製造的泡沫。而在這個泡沫破滅了之後，「很不專業」的魯迅學的研究者仍然沒看到紀曉嵐到魯迅的文化軌跡，也更不知道蘇格拉底以及達文西和紀曉嵐與魯迅的真正精神差異。

相對於真實的劉羽沖，紀曉嵐是成功的，因為在他那個時代學而優則仕的原則是學術的基本價值觀念。相對於虛構的孔乙己與阿Q，魯迅是成功的，因為他沒有淪於庸俗與落魄。不過，今天人們在網路曾關注過的「五道槓」少年，從社會學意義上講，是紀曉嵐與魯迅的複合體——他的一切行為基礎都基於不做劉羽沖，也不做孔乙己與阿Q，那樣一種精神動力。當然啦，他也不可能成為蘇格拉底或達文西！

我從來就不喜歡魯迅

記得二〇〇五年，我寫過一首「罵」魯迅的詩，詩名〈被熨平的喉嚨〉。其中有一段是這樣寫的：「思想宣佈禁欲／它怕酒後失態降低了自己的價值／不過，它那撲鼻的口臭／勝過了難聞的酒氣！」

事情的直接起源是我的著作代理人出版我的《中國人的歷史誤讀》一書時，沒經過我審核做的封面語，引用了魯迅的「吃人」名句。魯迅對中國歷史的見識之淺薄，特別是他自己複製程朱理學道德極端化的行為，為我所不屑。我的歷史價值是絕對西方化的，比如我對霍布斯的良籍論的認可，再比如對波利比奧斯的尊嚴論的體會。但是，從純粹商業角度講，我沒法反對著作代理人的行為。畢竟人家投資做我的書，畢竟人家給我稿費，且合同上沒有涉及到封面設計項目。在另一端，將一本與魯迅思想沒任何關係的通俗歷史著作重做，也成了我至今沒有完成的文化使命，儘管這個使命並不來自外部。

回溯自己的歷史思想資源，其西方化支點固然不止良籍論與尊嚴論，其他如吉本與湯因比等，不過，良籍論與尊嚴論是我念念不忘的學術倫理。前者曰：「歷史良籍必須以判斷見長，因為這種著作的好處就在於方法，在於真實，在於所選事件最宜為人所知。」後者曰：「歷史研究在真正意義上是一種為政治生活進行的教育和訓練。最有益的，或說唯一的，學會在命運中保持尊嚴的方法，就是：回憶起他人的災難。」

作為當下的學術「名人」，我真地沒有和魯迅一較高低的意思，但是，我從來不掩飾對他的藐視。如果一定有人把我和魯迅放在一起，我只能這樣調侃：就好像大街上，本來我就沒穿內褲，後面來了一隻半瘋半頑的狗一下子撕破了我臀部只有的那一層布。我不是怕羞，我有裸泳的習慣與膽量，只是每每想起「橫眉冷對」的他，想起「痛打落水狗」的他，想起「一個不放過」的他，讓我一直害怕。我怕這樣一個因極不寬容而發了瘋的人半宿起來，會掐死我。

魯迅忿忿不平地說，他「從來不憚於以最大的惡意來看待中國人」，也就是說在他眼裏幾乎沒了好人。一個人眼中沒了好人，那他自己當然就一貫正確了。作為文化旗手的他——也許他自己曾沒想得到此謚號，實際上不過是中國封建主義文化的一個高峰，他把不寬容的刻毒民族性格推到了文化極端。我沒時間去考證他與程朱理學的關係，但我知道毛澤東文化大革命的「狠鬥一閃念」來自于朱熹無疑。朱熹在一份奏摺中說：存天理、滅人欲，根本就在消滅心中的一閃念，除惡務盡皆繫於此。多麼歹毒！

有人善意地「警告」過我，如果不敬魯迅，會犯了當局的大忌，乃至於再進監獄。坦率地說，我不喜歡監獄，更不盼著再進去。對於這樣抉擇，我更喜歡《寬容》一書作者房龍的論斷：監獄大牆外的一個有心計的改革家遠勝過了監獄裏一百個表情嚴肅的革命家。不過，為了換取不進監獄而讓我阿諛魯迅、認可他的不寬容，我是絕不做著筆交易的，寧可再進去。至此，我還是對國民黨送上一些敬意，因為他們沒把處於半瘋癲狀態的魯迅關進精神病院。要是在時下，這點就不好保證了。看見武漢的徐武了嗎？跑了，不行；告狀，也不行。說你是神經病是最後解決你的手段。因此，「被神經」也成了時代特色辭彙，而這個辭彙裏面的「魯迅貢獻」確實非同小可。

順便多說的是，我也不喜歡被右翼同道不斷紀念的林昭和張志新。這並非我缺乏同情心，或者假冒是現代右翼，而是她們的極端實際上和朱熹、魯迅、毛澤東是一個體系的邏輯產品。

狗權邊界：人的動物性會經常暴露

引言：由地鐵安檢引出的話題

幾年前，應當是奧運會以後，北京的安保情形至少表面鬆了許多。我就提高了去北京的頻率。但是，這會遇到一些「人的動物性」問題，比方說，有個地鐵安檢處一定叫過我去盤問一番。發生盤問有我的故意因素，我帶了身份證而說沒帶，看看他們究竟想幹什麼。盤問完了，我問對方：「你們為什麼注意我？」一個人說，看我長得像少數民族；另一個說，憑直覺。

少數民族這項沾邊兒，我的血統中有匈奴因素。我們的複姓綦連在南北朝時代簡化了，有的是綦，有的是連。當然，我們血緣裏更早的是正統周王室姬姓，如北朝名將綦連猛家系就是這樣。某種原因致使姬姓的這一支系出塞而變為當地的匈奴。到了唐朝，還有「綦連」複姓的胡人（廣義的匈奴），一個叫綦連耀的人還要當皇帝，造武則天的反。並非閒扯，這些在正規歷史典籍上都有。所幸的是，我的胡人（廣義匈奴）特徵明顯，也算歷史的恩賜啦！

一、非專業：解答社會學者的疑問

至於安檢人員說憑直覺，我沒有需要歷史支援的閒話，倒是想到一個社會學與哲學交集的問題即人的動物性問題。直覺是為一種，或曰人們常說的第六感覺並沒錯。恰好，那日下午和我會面的一位社會學資深人士，也是好朋友，在接我（他開車）的路上問了我一個問題：「女人為什麼普遍比男人貪婪？」

我說：這應當和女人哺乳幼兒付出的營養較多有關係，既然付出較多就要吸收（吞食）更多；而男人呢，隨機獲得食物的機會較多，付出高營養的活動（具體指在性活動中的精子釋放）的量比較小；隨機獲得食物的可能性較大也是男人願意參與宴飲的生物學基礎。

應當說，我的解釋相當不專業，既沒有嚴謹的遺傳學知識為基礎，也沒有營養學的理論為支撐。僅僅是個人思考的緣故。不期，搞社會學的朋友大為贊同。接著，就是關於人的動物性的話題，扯得很遠很遠。這樣的話題不是什麼新發現，早在佛洛依德那裏就有了很是精當的分析。最為經典的是，佛洛依德把人的一個「我」分為三個層次，本我、自我、超我。

二、性靈修：回歸「本我」證明

三個「我」中最有趣的是「本我」（id，直譯為「伊特」），就是人的動物性層次。也許比較專業的心理學家不認可我關於「人的動物性層次」的界定，但畢竟是在佛洛依德的哲學描述中，本我是「一團混沌，一口充滿沸騰的激情大鍋」。按著我個人的哲學方面的業餘理解，那種看起來很時尚的（當然也被世人做指責的）那種「深度靈修」，就是完全放棄世俗道德觀念的集體交流，包括很自然的性互動，其實就是讓人回復「動物性層次」。

在一些非公開的個體談話時，我與一些有品位的人探討過對此類問題的看法。聽我「講課」的人認可我對靈修回歸「本我」的基本判斷。我們的討論並沒有蔑視現實道德規制的意思。在另一端，我們並不對那類靈修與社會管理秩序發生的衝突進行評價。

簡單地說，「人的動物性」是時常暴露的，也是可以觀測到的。我的更具體看法是通過觀察動物行為而獲得的，就是「狗權邊界」問題所帶來的啟示。我家裏的兩隻狗狗（名字分別是「笨笨」、「熊熊」），是母子倆（按狗年齡，都是成年），它們之間常常會出現「兒子讓著媽媽」的情況，其中之一的表現是：笨笨尤其護食，只要它吃食或存有食物並守候時，熊熊來到跟前，它一定會高聲汪汪，驅趕自己的兒子；至於「男性」狗即狗兒子熊熊除了悻悻走開，別無選擇。

若按健壯程度，兒子肯定能打敗媽媽。兒子之所以不挑起衝突，估計是作為「男性」，它具有更多的覓食機會。同理，它的媽媽作為「女性」也有與人類相通的貪婪性，即如本文開頭我對社會學者朋友的問題的解答。

需要多說一句的是：狗狗們在我們家裏，都有「家庭成員」身份，並且從來不被虐待，享有「免于匱乏的自由」。換言之，家庭吸視為它們能夠獲益的制度體系，它們的獲益也是它們給主人提供樂趣胡報酬。

三、無索回：狗狗定出的「規矩」

對於兩個狗狗，每一個，都會對主人（我們家庭成員的任何一個人）給出自己的「權利邊界」。比方說，主人給予它們的食物不能索回，若中斷狗狗的進食，它們會發出低沉的吼聲。看護認為自己已經佔有食品的狗媽媽對主人想挪動她的食品也會示警。

熊熊雖然在看護食物方面比狗媽媽的情形鬆一些，但是，他的地盤觀念是非常明顯的。比如說，他在別人的屋子裏可以很隨便地玩，在公共空間（大小客廳與廚房）也是這樣，但是，除他直接主人（我兒子）以外的人若是進入他的房間（我兒子的臥室），他會高聲示警，有時甚至會做出撲人的動作，儘管不是真正的攻擊。熊熊的意思很明顯，他和直接主人的房間即活動空間是明顯的一個權利區域，對於非直接主人的進入每每會聲明自己的權利。這個細節讓我想起電影《人狼大戰》上的情節。在那上面，人的遭遇說明越離狼窩近，狼對人就越有攻擊性，這種攻擊性與覓食無關。

笨笨與覓食無關的權利捍衛行為比熊熊更強烈。比方說，家人若是用手鉗住熊熊的嘴，即使用點力氣以示喜歡（給它胡眼神表示出來），熊熊不會急即連竭澤而漁限度的掙脫後的汪汪都沒有，還會會以「撲打」的方式表示高興。笨笨正相反，只要輕輕鉗它嘴，它會發出嗚嗚聲；若是重了，它掙脫後還會咬主人一口。咬的非常輕，僅僅是用牙齒「蹭」一下手部皮膚的樣子。

結語：不算很恰當的比喻

通過上面的細節比較，笨笨捍衛權利的行為與它兒子熊熊有較大差異。這與性別有關係，亦與品種的差別有關係——笨笨是京巴串子（腿比京巴直衣稍長），熊熊的父本是金獅。笨笨捍衛非覓食性權利的最明顯之處是對小環境要求很高，比如它鑽進被窩，我作為直接主人不經意將腳壓了它的頭，它就會發出嗚嗚的示警聲音；再比如，我再電腦前工作，它趴在我臀後與電腦椅子背之間，若是我後仰伸懶筋擠了它，它也會嗚嗚警告。

很為簡潔的結論是：既然狗的權利有邊界即不容侵犯的區域，那麼，人的權利自然也是這樣，並且不容侵犯的區域應當很為廣泛。

在另一方面，環境對狗狗的性格影響非常之大。比如熊熊，由於父本的原因，進食時迅速且好吞食。它生下來，會跑後的一段時間和它的直接主人（我兒子）在外面住。兒子結束在外租住後，熊熊也跟著搬回家裏。最初會來時，其吞食習性很明顯，但當習慣了家裏在桌邊提供進食後，就很少有吞食動作，即便有也比原來慢多了。尤其是獲得大塊食物後，再也不急於當場吞食，而是很優雅地走開，將食物放到它認為安全的地方再回來等待。

也是很簡單的結論或者叫比喻：我們可以把家庭環境看作最重要的制度安排，當制度安排能夠保障制度下的不同利益訴求時，訴求者一定會發生潛移默化的品行變化，往好的方面轉變的那種變化。

級別，官本位，懷才之遇與「不遇」

二〇一一年十二月二日下午打球，球館沒開門，就低頭看美國大使館文化處每日贈閱的《華盛頓參考》。另一位球友來到，讓我到車上坐一會兒，問我看的是什麼。我讓他看了看。他比較驚奇，不知道我懂英文。

我還是比較謙虛的。告訴他：政治、經濟，特別是金融的，我看得懂；生物、醫藥、能源之類的，一竅不通，也不看相關內容。他問我英語幾級，我說從來沒考過級。但是，從監獄釋放回來後，開始給書商打工，第一本書就是翻譯的。還好，幾乎沒有球友不知道我曾在監獄待過。但是，很少有人知道，我是個不服從秩序的人。你可以在我面前說你是什麼級別，比如英語幾級，不過，最終我可能問你翻譯過什麼作品嗎？一篇文章也行。

秩序化的認證當然好，但那更適合制度體系良好的社會。在一個反義化社會裏，按官本位思維對待身邊事務也沒什麼不好。不過，要想追求高質量的精神生活，秩序、官本位、級別、證書之類的東西就成了障礙。

如果一定說級別，《華盛頓參考》裏的內容翻譯成國內官方文件的，興許副省級才能看到。這不是我吹噓，一九九九年出事時，官方想給我定一項非法持有國家秘密罪，原因是我把單位上的幾份正科局幹部才有權看的內參拿回家裏（書房）。後來，我解釋說：我因給上海市人民政府做特聘專家（每月五百元諮詢費，在那時不是個小錢兒），有權看正處級（一說正廳）才能看的「領導參閱」件。問題是，泊頭（縣級）最高級別的官員才是正處級。結果是，由於很年輕時就享受到外地的「正處級待遇」，這非法持有國家秘密罪就不成立了。當然，我從來不以此為傲，包括現在看《華盛頓參考》。不同是，當年是中國某個直轄市為我提供中文版的「領導參閱」，現在則由美國人來提供英文版的文件。我不希望去領導美國，倒是很感謝這個開明國家對我的信任。由於能看到他們的贈閱件，學術研究的資訊自然就充沛了。

說道這裏，想起了半年前一位金融系統的同事，也是年輕時的牌友。他在比較隆重的宴會上，一直替我解釋坐監獄的原因，——「他就是懷才不遇。」我反駁說哪裡有什麼懷才不遇嘛！關鍵是：我不是貨，也不盤算買主的需要。不管你多牛，比如省裏的正行長，要麼你的學術成就比我高，要麼你的人品比我好，兩者都在我以上，更好。在我出事以前，我真是和省裏的一把手這樣說話的。她很生氣：「難道你對前途一點不在乎？」

「你現在的位置不過正廳級嗎？我奮鬥一輩子，幹到你這個層次是一種悲哀。」我軟軟地頂了她一句。

那，你需要什麼？

學術成就。以此使自己青史留名。

事情搞得很不妙，我的大大小小的領導們逼著我給省裏的正行長道歉，但是，我誰的面子也沒給：「我不需要她！我一不想升官，二不想把孩子安排進銀行。求不著她。」領導很為難，多虧不久我就被以政治罪名抓走了，他們算有個開脫啦。回過頭來，我很感謝那些給我按上政治罪名的人們，至少青史留名的第一步有了，更何況此前的學術成就已經相當高了呢。在另一端，現在已經不似年輕時的盛氣啦，對社會的考慮更全面了。資訊充沛是一個重要條件。這真要感謝美國人。

如果不考慮其他因素（比如受賄），只計算工資收入，當時我比單位的一把手的合法收入都高。我知道，很多同事嫉妒，也知道領導心裏不快，但是，稿費、專家諮詢費是我憑自己知識掙來的。現在呢，就用不著考慮那些因素了，掙點小錢，一家子樂樂呵呵，至少比當正處、正廳、副省類的魚爛之官要有心理優越感。

＊本文關於「涉密」的更具體敘述參見本書的自序。

第二輯　沉思·洞見

我斷定中國之思想創造力不在學府而在「野外」、「民間」，因為能夠真正自由發言的地方大多是民間的論壇。那裏，學者們互相交流（挑戰，乃至爭吵），類於「充電」。

哈佛想像，「哈狗幫」與諾獎

引言：一篇短文讀了兩晚上

讀完王諾《讀哈佛》（《讀書》二〇〇〇年十二月，頁四十至四十四）短文，使我覺得想說的話太多了，一時間總有抓不住的感覺。你可以想像一隻裝滿水的酒瓶子，猛然頭沖下，湧出少許水，其餘的便堵住，擁塞了……

初讀的過程中是邊走思，邊細讀。短短的小文，竟讀了兩上晚上。走思，不是因為人家文筆不佳，恰恰相反，而是在每一個讓我感興趣的點上都發出許多回憶與聯想，還有個人評判：像「禮的規範的病毒」、「賢而非智的選擇」、「潘金蓮式的畸型解放」，等等。只有我自己才能明白的隻言片語，便串成思想夏夜中的流螢。即便是本文的題目，也是從讀後的眉批上轉來的。

一、中國名義上說鼓勵，而實際上扼殺獨立思想

我不曾去過美國，也沒細讀過哈佛的校史，更沒統計過哈佛出過多少諾獎得主。只是淺淺記得薩克斯的猛藥。這位哈佛大學教授用經濟學的方法解構了一個極度扭曲的政治結構。從長遠來看，他可能是這些人的救世主，儘管後來他自己「反水」了，認為休克療法失敗了。那也僅僅是由於經濟學過於注重短期效果的評價，而不從政治道德的哲學的更深層次上去思考問題。其實這種理論正如當初購買力評價那樣，適與不適，各有結果，最後還會成為一種有效的工具。

這不是我關於哈佛的全部想像。哈佛想像早於最初讀到一本叫《哈佛瑣記》的小冊子時，就形成了。除了令人神往乃至陶醉的環境，自由的學習方式，最令人難忘的想像或定論恐怕是她的過程的寬容與結果的嚴厲之並存。你盡可以玩（王諾的文章甚至提到「夜不歸宿」現象，頁四十），但到了畢業做論文時，恐怕就不是玩著過的了。在我的想像中，學生們不太可能「腐蝕」教師（導師）給個「題樣子」或走個場面就把答辯「給辦了」。而這些在我們這片土地上，已是司空見慣的事了。所以，即便有些真博士、真碩士（拿著假文憑的，不屑說了），人們也會從眼鏡上端用銳利的目光將遞「本子」者審視一番。

哈佛有淘汰，她允許你「拋棄」她、不愛她，但卻不允許蒙混過關，不允許你對她不忠，玩弄她的感情。

王諾的文章，補充了我的哈佛想像。因為她有遠比這些想像更有思想的警訓，從學習與生活指南上對獨立思想的推崇（頁四十），到一九六三年的「甘迺迪語錄」——對質疑權力的鼓勵，這才是哈佛精神的真諦。

在一些辯士們看來，也許那是不足稱道的，我們何曾不推崇獨立思想，又何曾不鼓勵對權力的質疑？我們的確是名義上這麼說了，但實際卻很少、很少讓學生們這麼做。因為從那條流水線的開始到最後的產品下線，作為產品的學生就一直將授予者視為道德的化身、不容置疑的權力。「老師呀，老師，您像那嚴父，您像那慈母」，這滿是宗教激情般的唱詞，對師道尊嚴予以特權化、人情化，而不是其他的關係，比如授受雙方的對等，特別是人格對等。

在另一面解讀，一旦學生質疑挑戰這一道德化的權力，就意味著「不孝」。

二、「又紅又專」政治的當下解析

在溫情的面紗顯示與嚴厲的管制之下，還有一個更無情的預期：只有從這裏學到知識（其實大多是記憶），你才能考上大學，才能有飯吃（多是想像中的好飯）乃至有出息（成了官員——或什麼專家——也算成就）。那麼，任何的不服從就意味著背叛。「不服從者不得食」的極權主義體制下的寫真，同樣寫到學校，特別是大學教育前的學校。在進入流水線的定型期，學生大可鬆一口氣了，多數的人樂呼「六十分萬歲」，算是對過來的壓抑的一種渲泄，也可以說一種潘金蓮式的解放——過渡壓抑後的解放，必定是畸型的。

質疑權力是人類進步的原動力。可這種質疑去被兩種權力的高度擠壓，使其無法展示在交流的平臺上。

若干年前，兒子上小學，寫鄉下觀感，聽他爺爺講：老房子下面有地道，「鬧日本子」時挖的，村村相通；大概與他這個年齡之時，下去玩過一次，結果迷了路。兒子將故事原樣寫上，自評道：「地道肯定很妙，不光鬼子進去出不來，好人也會迷路」。老師大筆一揮：「抓不住主題，說理不明。」

兒子很委曲，找我評理。我哭笑不得。其實，我早就與老師在內心「交火」了。有一次，我被召去開家長會，端詳後面黑板上的範文，有一句話說：「六角形鵝毛大雪，從天上飄下。「散會後，我給兒子講了兩個要點：六角形，是物理結構形狀，在顯微境下才能看得出；鵝毛大雪是誇張的，對肉眼見到的一種誇張。所以說，憑這一句話，這是一篇失敗的範文。

兒子很快樂，說出了我驚異的話：「她（指文作者）跟語文老師是親戚」。

關於教育體制弊端的評論乃至什麼「訪談」多了。但是，那裏的故作姿態（可稱為「訪談秀」吧）又能說出多少「道」和多少「理」呢！

三、孩子們為什麼會「造反」

中國教育從古來作為「禮」的組成部分，就培養著學生（受者）的秩序觀、服從觀。從古到今，要求的不是智者而是賢者。這是古代思想史專家得出的學術結果，不是我的妄說。這句話到二十世紀六十年代，現代化為「紅與專」的關係，先「紅」而後「專」，或說「又紅又專」。大批判的對象之一就是「白專」。因為一旦「專」所積累的「智」達到一定層次，它必產生對「賢」的質疑與挑戰。所以，狄克（張春橋曾用筆名）先生所說的「知識越多越反動」在政治鬥爭的條件下是成立的，是相對真理。

將王諾先生文章中引敘的安德森橋的紀念柱銘上的文字「博學之士的增多是世界的福音」（頁四十一），比較與狄克之「相對真理」，真有些真假猴王的感覺。在我看來，狄克至今還活著，只是不同的複製體而已！

「秩序」需要「服從」，這是毫無疑義的。《禮記・王制》上說：「諸候無故不殺牛，大夫無故不殺羊，士無故不殺豕，庶人無入不食珍」。讓現在的學生來看這段話，似乎可笑：「我吃什麼，你管的著嗎？」其實他們就生活在「管得著」秩序中呢，牛、羊、豕、珍的秩序早已被基因化為控制方式。

還是兒子的問題，他曾問我：「學校裏規定不准買校外的盒飯，吃壞（病）了，不管；不讓買校外小店的本子，買了，罰站。這些對不對？」我再也沒什麼宏論來應對，只說：「也許是為了你們好吧！」語氣之不堅定，使我在兒子心中「經濟學家」的形象黯然失色，至少他說：「筆桿子」也不說良心話了。

孩子們「造反」的時代又來了，只是它不同於上個世紀六十年代的狂熱形式罷了。從一位哲學博士的短文中得知：時下有一種叫「哈狗幫」的現象。學生們唱髒話歌曲，宣洩不滿，博士對此持寬容的批評態度，要搞清誰在製造和讓青少年消費這些精神垃圾。

髒話歌曲是否「精神垃圾」，不敢同論。同樣在刊登此文的同一報紙上，有一份青少年生活質量的調查（記者林慰），其云：浦東有百分之六十一・三的（青少年學生）認為睡眠時間不夠，主要原因感到壓抑，緊張多於開心……

小小調查足以證明了壓抑的程度即秩序所帶來的壓力，儘管秩序的最後（預期）受益是他們自己。畢竟現在被稱為現代社會了，我們也不可能掀起再次的「批孔」運動（其實狄克本身就很孔化，他的「紅」無非是「賢」）。孩子們總會找到合適的宣洩方式，至於真的炸學校、炸老師，恐怕還沒那個智力與能力。其中只是「哈狗幫」的始作俑者用靈敏的商業動機包裝了孩子們的心理共態，才成了問題。試問一下成人們：汽車裏面掛的偉人照片兒真地能保你平安？為什麼沒人批判這種個人崇拜與遺民意識呢？這種現象又是如何地被「大手筆」們利用了呢？

四、情緒宣洩是正常現象

孩子們把書包比成「炸藥包」，而這炸藥的裝填者能不是他們的父母嗎？在「秩序——服從」的模式中，「大人們」寄託的希望僅僅是孩子們的日後謀生嗎？最陰暗的心理無非是把自己的「沒出息」與「無能」讓下一代來消除。說好聽點兒：完成自己未曾（敢）實現的宏圖壯志。話至此，我絕對不是縱容孩子們的「哈狗幫」行為，只是寄予一種理解。敢附庸風雅地說：就像王諾先生文中所引的那種理解（頁四十三），進而是同情的尊重；還有，應該特別提倡的寬容，寬容的效果的顯現需要「大人們」的耐心。

孩子們的宣洩是正常的。且不說二十世紀六十年代與中國「文革」幾乎同時的法國校園的「革命」，就是我自己「隨意成長」的二十世紀七十年代，不滿教師暨學校管理方式的學生「歌曲」也很「流行」，好在那時沒有人進行市場化操作。比如說：「煙袋鍋子炒雞蛋，越打老子越不念」。煙袋鍋子怎麼能炒成雞蛋？其含義是學校苛刻，強人所不欲（成）之為。更有甚者，罵老師的「髒歌」也常唱不衰：「青青菜上鍋炸，老師吃了腚眼兒麻，學生吃了雞巴硬，操得老師滿世界蹦。」回憶這些，讓我輩紅臉。故此，也更寬容成長中的孩子們。

「秩序——服從」模式作為文化傳統之一種壓制了質疑，更消滅了創造力。記得有一年我在一張頗有影響的民辦經濟專業報紙（全國唯一者）上發表過關於諾獎的短文，言之第三種力量（非學院派，非官廳派）在中國經濟學獲獎中將起重要作用，小有反響。有一位相識不以為然，言曰：為什麼我們非去獲獎，那裏有人家的意識形態。我半訕笑地回答：「難道非人文科學也有意識形態？前蘇聯不是出過嘛！而且也出過經濟學獎得主（康托洛維奇）」。其人語塞。

結語：大師多是「野生的」

再後來參加「中國能否建辦世界一流大學」的學術討論，頗有名流大家議論改革教育，交鋒激烈，但終因是圈子裏的討論，未見「樹動」。有幸獲丁學良博士賜寄關於香港教育之論見（丁氏斷言香港不可能建辦成世界一流大學，估計此也為丁氏移師澳洲的原因吧！），細細研讀，覺得除了殖民化之因素外，尚有傳統之影響。不甚失望於彼，好在香港還有陳方正、張五常、許紀霖那樣當當作響的學者。倒是反觀國內，迅速被殖民的卻是什麼規模、什麼集叢者也，而最後造出的「大師」無幾。即便真有人成了大師，也多靠諸君闖天下的「野外生存能力」。

我斷定中國之思想創造力不在學府而在「野外」、「民間」，因為能夠真正自由發言的地方大多是民間的論壇。那裏，學者們互相交流（挑戰，乃至爭吵），類於「充電」。（「充電」之說好像先源起於哈耶克等人的朝聖山學社）。能印證我之妄斷的，是我語出不久前看到的《南方週末》的短評（題目不記得了，作者大概是徐友漁），討論大師的產生問題。其言曰：流水線（前揭用此語，概受徐氏之啟）生產不出大師，那裏體驗不到生命的煎熬，大師一般是野生的。雖不是原文，相信其義無誤。

學外語不單單是為了學技能

引言：少為人知的「歧視外語」

外語固然是一門技能。我個人有體會：從監獄回來，銀行的工作早沒了，再說，叫我回去，我也不去；重新謀求職業的決定性選擇是「作書」，就是給俗稱「二渠道」的民間出版仲介機構打工（當編輯兼寫書）。我「作書」起步點就是給書商翻譯了一本書，接了這個活兒的功底是我在銀行上班時自學英語打下的。換句話說，無論是上了中專還是分配到銀行上班，我都沒放下高中時代喜歡的英語。

多說的是，我在（大陸）一九八一年參加高考時，考試模式叫「大中專一張卷」，其中，英語分數按百分之五十折算。我的總成績不錯，上本科（至少大專）沒問題，但上中專就有些危險。因為中專錄取時會把英語分數剔除掉，要「純淨」的基本科目分數。由這個細節可以看出，外語（英語）在當時是如何地受歧視。也正是因為這點，高中時代大多數同學死背政治科目而寧願讓英語科目考零分。

一、外語給學習者帶來思想收穫

我是個天性反叛的人，就是不喜歡政治科目，而把精力投放到了「受累不討好」的英語科目上。就是因為這點，老師不喜歡我，甚至高考分數公佈時都不曾為我喝彩。十八年後，更令當年老師驚異的則是，一個對政治科目反感的學生竟然在日後成為持有不同政見者。

閒話帶過，再說外語技能與技能之外的東西。僅僅就技能來說，恰恰是我從高中到中專再到在銀行上班，都沒放下英語學習，才積累一項「額外」技能。也正是這個技能，使我在丟了銀行的「飯碗」之後找到另一隻「飯碗」。然而，在技能之外，或曰在技能之上，更重要的是外語所含有的思想。比如說，我可能記不起來英語原句如何寫的一些話，卻成了母語表達的個人信條。

英語小說《簡・愛》上有一句話說：「對你必須承受的而說不能承受，那是軟弱的表現。」還有，錢歌川先生著名的教程《翻譯的技巧》裏面有一句話說：「為了活著而吃飯，但不是為了吃飯而活著。」這兩句話影響了我個人奮鬥的歷程，包括為政治理想而承受牢獄之災。

我不想把自己打扮成英雄或鬥士，最好理想是自己家族的後代在幾十年之後，說我是個學彙中西的人。如此，足矣！當然，不管那是我如何地「著名」了，我也不希望他們忘記我是特有反叛精神的人，並因此付出了茅于軾老先生評價我時所說的「高昂的代價」，進而我在此高昂的付出之後成為一個幸福的人——在敵意下，我的福杯滿溢！

二、絕不把孩子往偽精英的路子上推

說起英語話題，與孩子們的升等考試有關。女兒是我們城市不錯的小學的學生，但是，上的是普通班，而不是精英型的多媒體班。親戚朋友都不解，說我心疼幾千塊錢。其實呢，我是反對偽精英思想的。偽精英思想的表現之一就是：在英語方面考好了，似乎是個有好飯碗的基礎。

一場冒險的實踐，要承受多少不解無須解釋。女兒在升六年級的時候，拿到了比多媒體班的同院的孩子們更好的成績：總分第一，英語分數第一。沒有可誇耀的。普通班的第八名，考初中時，進人們心目中好學校的可能性不大。我也沒那樣指望，只要她通過以後的外語學習，全面換掉學校教育裏面的落後思想，就足夠了。讓她在某個年代裏，也如我對待她一樣去對待她的孩子，將是她人生幸福的不可缺少的部分。

女兒有些沾沾自喜，太太有點炫耀。可以理解。不過，作為一個民主化家庭的管理者，我馬上兌現孩子去夏令營的諾言，到旅行社交了訂金。相比較，她原來玩伴因英語考得很糟，被父母剝奪了這次旅行的機會。女兒問我：要是自己考了四十多分，而不是八十多分，爸爸還給不給這次旅行的機會。我的回答是肯定的，還和她開玩笑：你長大了，願幹什麼就幹什麼，做學問，爸爸去幫你採購圖書；擺烤羊肉串的攤子，爸爸幫你串肉串。

和她在一起的小夥伴都羨慕她有個好爸爸，有的小姑娘還當著我說：「我爸爸要像你這麼開明，就好了！」

夫妻之間免不了為管理孩子的方式而爭吵，我的「放任自由」策略屢屢遭到太太的抨擊。即便是她暴怒的言辭衝擊我的耳鼓，我也絕對不衝孩子說「考不好，不給零花錢」、「不寫作業，別吃飯」一類的話。而且，孩子（包括兒子）需要開支，只要我的經濟能力達得到，絕對不打折扣。也許兒子踢球，每天補貼三十塊錢會是個「笑話兒」，但是，我相信到他教育自己的兒子的時候，肯定會想到我的寬容給予他的力量。

兒子的球友，同樣說他有個好父親。我很知足。

三、最匱乏民主的地方是家庭

這是一個民主極端匱乏的時代，而最缺乏民主的地方，就是家庭。當家長自覺不自覺地變成獨裁者時，對孩子的傷害就開始了。這種以「愛」的名義而行的傷害，其實會自覺不自覺地傷害到孩子的孩子。

我反對血統論，也不贊成世襲制，但是，我知道：凡是人格有嚴重缺陷的人，大多與自己父母的人格缺陷有關係。

在民主管理之下，我會推行一套新價值體系。其成果除了女兒有些出人意料的成績外，兒子和女兒都不看中國電影，上網看電影的娛樂，都選擇歐美片子。我仍然沒有一個可測度的指標來說明女兒英語的好成績與看歐美電影的關係，但是，站在她八十多分面前的那些被自己家長偽精英化的孩子們無一例外的是多媒體班的學生，最少的英語成績和她的成績差十多分，最多則差六十多分。已經被家長「關起來」的一個小女孩曾不斷地上英語補習班，結果只考了四十幾分。正是這個四十幾分，本來內向的孩子不但被父母剝奪了旅遊的權利，而且還被關在了家裏「加強學習」。

我無意貶斥鄰居的管理方式，但我從來不那樣做。十多年前，即使兒子考試成績倒數幾名時，考完後，我仍然會讓他挑本城最好的餐館，而且自己點菜，最後由「年輕的老爸」我來買單。

結語：舅父為何開懷大笑

幾年前，我最尊敬的大舅父和我一起吃飯，看到我的著作，他為我的成就而驕傲，因為他還有我的另外一個舅父時常接濟我，才使我能在中專時代就保持了高額的買書量。舅父希望我說出自己成功的真正原因。我總結了不少，也有對他的感激之詞。最後，我說：「一個不可忽略的因素，我不便當著你老人家說。即便說了，也希望你正面理解。」

舅父堅持要我說。我說：「那個因素是我母親不認字。她不打我，不罵我，從來不問我寫不寫作業，甚至給我做不完棉褲時得請我姥姥來幫忙。我想，對於我那個年代的人，不管就是最好的管理方式。但是，畢竟我母親是您的親姐姐，希望您理解我說的話的正面含義。」舅舅開懷大笑，從不喝酒的他要了半瓶啤酒，連續喝了兩杯。

幸福的重要內容之一是伺候兒女

引言：「傳教」之嫌與大片影響

這個命題在中國文化傳統裏有些不太對路，因為中國人講「百善孝為先」。另外，這個命題的哲理內涵更多地來源於基督教，因此，難免有「藉機傳教之嫌」。不只是官方控制的因素而是中國社會高度庸俗化，人們對清教徒式的教誨很不接受，比如北京一些大公司的接待提示上都有「謝絕推銷，謝絕傳教」的字樣。

在另一端，深藏在電影大片裏的那些東西還是被中國人特別是七〇後、八〇後兩代人接受了，無形中接受了。如《真實的謊言》裏面那個勇敢的父親，駕駛垂直升降的戰鬥機去救自己的女兒。電影的誇張毫無疑問，而且現實中再勇敢的父親也缺乏那樣的技能。

一、源自《聖經》的父母責任觀念

愛兒女確實是西方價值裏面非常重要的信條。夫妻可以離異，但是誰也沒權力拒絕對方要求和孩子共用一段時間的要求。愛兒女的宗教訓條來自《聖經・新約・以弗所書》，該篇的第六章第四節講道：「你們做父親的，不要惹兒女的氣，只要照主的教訓和警戒養育他們。」當然，在此之前也有教訓孩子們的話：「你們做兒女的，要在主裏聽從父母，這是理所當然的。要孝敬父母，在世長壽。這是第一條帶應許的誡命。」

兩相比較，中國社會中個人修養比較好的人孝敬父母做得很好，而伺候兒女則做得不夠。由於這樣的理解，我通常主動向孩子們「讓利」，減少日常開支以便孩子們日常生活更好。也許對我有所瞭解的人認為我是沽名釣譽，已經有了孝敬父母的好名聲之後，還要博取愛子女的好名聲。我不想反駁那樣的理解，只是個人體會到：伺候兒女可以培養他們健康的人格。

我從來沒相信過「棍棒之下出孝子」的道理，而我自己相對開闊的心胸，多半來自小時候父母對我的寬容以及盡可能的生活照顧。

二、夫妻矛盾：來自於各自家庭的隱形影響

我看過充滿猜忌、抱怨的家庭的隱形不幸。在那裏，付出很多的人不被信任。比如，有一件涉及到家庭成員的事情，大姐要是不告訴父母，父母日後肯定會怪罪她的隱瞞，而告訴父母就會招來弟兄姐妹鋪天蓋地的指責，甚至連父親都說：「用你告訴我嗎？告訴我有什麼用吶？」對於這位大姐來說，長成於這樣的家庭是不幸的，而更危險的是——她會因此類的無形影響和丈夫發生摩擦——丈夫可能不顧情面地說：「改改從你娘家帶來的壞毛病！」

本來很小的事情釀成了對長輩敬不敬的論戰，婚姻出現危機。這個「案例」也說明，家庭成長環境有問題的人出現婚姻危機的概率比較大。如果有三個孩子的父母，他們的兒女有兩個出現了自己的家庭破裂，其「歷史原因」肯定出在了父母身上。

作為一個經濟學家，不可避免的要關注社會上的家庭模式及行為結構，因為家庭經濟學是經濟學的一個分支。而微觀經濟學的許多領域都與家庭行為有關，比如家庭習慣與收入分配的結構等等。

三、為孩子們做細節上的小事情

好啦，不要賣弄學問啦！還是說自己的實踐吧。

昨天去打球，散後接到太太的電話說女兒發燒輸液，恰好我在應付一個飯局。飯局結束，匆忙趕到家旁邊的小門診，孩子正在輸液。問完病情，我問女兒有什麼要求。女兒說想吃豬蹄或肘子，醫生則說不宜多吃肉，還是多吃水果和蔬菜。回家後，我跟女兒商量：明天，買兩個豬蹄，中午吃，但是要限制一個星期的零花錢，免得老買學校門口的膨化食品；還有，買三五樣水果，包括她愛吃的橙子，特變「賞賜」的是加利福尼亞蛇果兩個。

剛剛給兒子買完電動自行車，手頭不鬆快，但是，這不要緊，原來預定去上海的行程推遲就是了。

女兒中午放學回家，用微波爐加熱了豬蹄，而後大快朵頤。蘋果呢，早削好了，橙子也切開了，等她飯後再吃。我不餓，而是笑咪咪地來寫這篇小文章。還有，寫完後，要拿著兒子的一件短衫去一家專門的清洗店，去掉他在外面吃飯濺上的大片油點。小伙子上班了，這是已經數次更換工作後的第一次穩定。不管他掙不掙錢，掙多或少，我都不要。只要他逐步積累些社會經驗，我就滿足了。

像我這樣在農村貧困家庭出身的男孩子，到了三十五歲以後，才正式定型，何況他一個對社會茫然的八〇後吶?!

結語：窮人經濟學家如是說

也許我的成就掩蓋了凡人的那一方面。坦率地說，有時我比女人管的家庭事務還要多，儘管對外應酬限制在最低程度。另一方面，什麼修身、齊家、治國、平天下，那套東西我根本就不感興趣。在家庭方面，做個庸俗的人，一個「不要惹兒女的氣」的父親和男人，足夠啦！

作為一個經濟學家，我比所有的同行收入都低，但是，我肯定是最快樂的那個；作為一個俗人，我比周圍的人的欲望都少，但是，我肯定不會因此而覺得寡淡；作為一個還算有信仰的人，我比所有的信者都缺乏教規的約束，但是，我肯定是最能體會哲學意義上上帝之存在的那個智者。

警惕學校裏的軟暴力——我為什麼幫女兒對抗老師

作為一個靠稿費支撐的家庭，顯然請不起家庭教師。我說的是全職的家庭教師。如果經濟能力達得到，我絕對不會讓女兒去上學。因為中國大陸的學校在教授孩子知識的同時，還暗中播種愚蠢、歧視、不正當的控制欲望。絕大多數教師是精神病患者，只是程度不同而已。

最近（二〇一二年六月份），媒體報導的兩則教師自殺事件，可以說是教師群體有精神病的證明。兩個事件一個發生在經濟相對落後的河北，一個發生在經濟相對發達的廣東。前者是男教師，後者是女教師。自殺的直接原因均是不堪精神壓力。老師的精神壓力源自其職業習慣，職業習慣源自「政教」之職業本質。如果說中國大陸沒有司法而只有政法，那麼，「下聯」則是只有政教而沒有教育。

政教的劣根性最持久也最明顯的表現是不正當的控制欲。比如，我女兒的老師間或給我太太發短信，或說孩子課堂回答不如原來積極，或說她又跟幾個男生在市里哪個廣場玩耍，或說家長應當限制孩子上網。凡此等等。太太每每說起這些，我就很獨裁地否決，「不聽老師的！孩子的思想工作我自己來做」。

老師的控制欲望傷害了我們，因為他們在向我們兜售不合格的道德標準。我的孩子在課外也即放學後跟誰玩、在哪裡玩，與你學校有何干係？即便寬恕老師的控制欲，我還是震驚於學生中有老師的密探與耳目。這將會培養什麼的道德習慣？

老師以「為人師表」而標榜，但在另一端他們又有經過道德包裝表達出來的骯髒私利，比方說讓孩子們拿錢補課，但又不能向外說；再比方說，要訂老師指定的報紙給家長，而孩子們本意不願訂。訂報紙有何種意義我沒看出來，對較為困難的家庭帶來的心理壓力確實是很重的。我關注過補課現象，發現：第一，老師為了在補課時有賣點，就把一些本該在課堂上詳盡講的東西粗化，而後拿到補課時講；第二，家庭條件最差的孩子們花不起補課的錢，結果積極努力的收效是事倍功半。這是嚴重的歧視！

我自己明白，之所以有些小男孩也有幾個小女孩願意圍著我女兒轉，根本原因是我的女兒大氣也即寬容。當然，由於天賦較好，不刻苦也有不錯的成績。女兒的大氣是我們家庭文化的收穫，也是影響她周圍的人們的一種能量。這種文化不但為她的部分同學所喜歡，也為自家的親戚所喜歡。

管理孩子，家庭最敏感的「專案」是「早戀」。其實，這都是學校無形之中傳導給家庭的愚蠢思維。早戀，別說只是朦朧的性意識，就是真地存在也不可怕。關鍵要告訴孩子：好感，戀愛，婚姻，生活，這四部曲是難以協調在你人生裏的，而且也沒有真正協調起來的必要。但是，你應當遵守一個基本規則：不傷害喜歡你的人，也不傷害你喜歡的人。這不是說你可以隨便傷害不喜歡你的人、你不喜歡的人，要學會消極的寬容。比如，你不知道誰暗中「告密」，就不要去猜忌；就算你知道了，也不要去報復。告你「密」的孩子是值得可憐的，她（他）無非是想討好老師兼或嫉妒你。

任何人，包括大人，都有犯錯誤的自由，更有改正的自由。孩子們可以犯錯誤，更可以迅速改正。所以，不管女兒是丟了自行車，還是丟了手機，我從來不責怪，也阻止太太對她責罵。大不了，我們再買個便宜一點的手機；大不了，我減少打球的頻率，給孩子省出一部自行車的錢。這些錢都很有限，儘管我不富有。但是，一旦孩子心靈扭曲，是任何財富交換不回來的。因為學校在連續地使用軟暴力，比如「告密」形式，比如收錢補課，以及許多強迫孩子違背自已意願去做的事情。這本身就很危險了！一個屢受軟暴力之欺壓的孩子，十年之後可能婚姻家庭慘敗，也可能因人格變形而殺人。

軟暴力，不僅存在於學校，家庭裏亦有之。正是家庭裏有之，我才屢屢跟太太談：我們不能跟學校（老師）合起夥來愚弄、歧視、控制孩子，而是幫助孩子化解來自學校的軟暴力。坦率地說，我們做不到全部，比如還要違心地交補課的錢，還要違心地訂沒任何用處的報紙。但是，能做到的，比如不實施所謂的懲罰，只是和孩子談心解決一些思想問題；比如，可以上網，可以聊天，但不要在現實中結交校外成年人，不管對方是男是女；再比如，決不能歧視比我們家庭條件差的孩子，更不能諂媚比我們條件好的孩子。尤其是，喜歡你的小男生給了你禮物，一定要回饋人家另外一件。

還好，雖然我沒跟孩子講理論高深的思想，但孩子仍能保持健康的心態，學習也沒有大幅下滑——就算大幅下滑，我也不會責怪。再有，不管男女同學來找她出去玩，我都放行，約定回家的時點而已。有些小男孩還受我的邀請來我書房談心，有時也管他們飯吃，包括小女孩。

學會拒絕語放棄，才有幸福

拒絕，需要勇氣，也需要算計。「離了誰照過」是賭氣之話，但它卻印證了經濟學裏面最重要的概念——替代。

什麼是替代？比如對於咖啡和茶，你可以不同的時間使用不同的一種。拒絕，源於人的有限性。作為一個個體，人能承擔的東西不多。想想中國成語「輕諾者必寡信」，就會明白這點。一個聲稱可以辦到任何事的人，往往是最不可靠的人。在政治方面進行推理，或許能夠發現：全能的政府往往也是無知的政府，全管的政黨往往也是最無能的政黨。

拒絕和曾經是朋友的人來往，或降低交往級別很不容易，但是，假如不能做出拒絕性姿態，對雙方和多方都是損害。而一當你拒絕來往或降低交往級別後，對方會反省，會做出模式調整。這樣，交易成本就大大降低了。

拒絕，不是不寬容，相反是一種消極的寬容。試想，如果交往的雙方知識層次、個人閱歷、價值觀念存在巨大差異，主動彌補的效果會如何呢？只會使問題複雜化，使雙方的幸福指數大大降低。所謂閒事兒，所謂閒氣兒，大都由此而來。

不會拒絕，意味著你對對方寄予的希望太多，不切合實際。遞進而言，意味著你對這個世界判斷的方法論很有問題。拒絕，是主動的，意味著你的資源具有優先性。剩下的問題是，把這些資源要轉化為幸福的資源。放下咖啡，喝杯濃茶不好嗎？放下咖啡與濃茶，喝杯純淨水不好嗎？

放棄，是被動的，比之於拒絕的勇氣，它更需要智慧。

有信仰的人比較注重放棄，其道理是自己能力有限，把不能承擔的交托給上帝。不管這個「上帝」符號以什麼名詞表示，它是一種可交託的對象。這就是信仰的功利作用。沒有信仰或沒實質與固定信仰的人很麻煩，因為那種稱為「信仰」的東西仍然是其獲得不甘放棄利益的一種手段。信仰的社會功利性與個體利益的賦予性，是一對巨大的矛盾，它是困擾人類生活質量的難題。

永不放棄，是一種荒謬的方法論。之於生活，放棄的不是它本身，而是某種模式。放棄某種效果不佳的模式，創建自由意志更高的模式，是一種指向幸福的路標，儘管它比較模糊。

軟背景——理解我們這個世界的最關鍵因素

對古漢語有些瞭解的學者，會發現：正如「實力」一詞那樣，「背景」一詞也是外來語，而非漢語本身所有。這一點，對多數人並不重要，因為沒有人會感覺到不瞭解古漢語如何地影響了私人內心領域。不過，在中國社會環境下，「背景」與「實力」有著相當程度的近義關係，儘管我們這個由流氓向紳士蛻變的社會，其如此蛻變還需要很多時間，因此，對上述的近義關係理解也非常粗淺。

等而下之，實力既然能分為硬的和軟的，尤其上升到國際戰略層面，這對辭彙更重要，那麼，背景是否也能分成軟的和硬的兩種呢？當然能，並且，「軟背景」是我們理解這個世界的最關鍵字彙。

「軟背景」，是什麼？

它是由知識積累起來的個體發現力與話語權力。看看為什麼無數的家庭不惜代價地讓孩子通過考試體系，就知道它的重要性了。普通的軟背景，確實是由狹義的教育生成的。但是，這個看法模糊了知識與教育的內在差別。在社會達爾文主義意義上，這也給了那些借教育之名騙錢的機構大量機會。在這篇短文裏，我不準備做道德評判，只是對我發明的「軟背景」一詞，做一個知識性與哲學化的介紹。

軟背景，也是個體之間區別的最大因素，所以，看似聯繫密切而軟背景差異大的人們之間，永遠不可能有友誼，只有應酬。一些極端化的精英分子甚至連應酬願望都沒有。也許有人擔心軟背景作為一個知識系統一旦被認可，很可能導致古希臘理想哲學王統治的誕生。即便它不是完全獨裁的，至少也是不民主的。

過度的擔心。實際上，一旦軟背景作為理解世界的鑰匙被大眾接受，假冒偽劣知識之市場份額就會受到極大的壓縮，從而使社會進入一個知識民主的時代。相反，知識不民主，即假冒偽劣知識盛行只能使少數人受益。控制這種知識生產的人，一般被稱為意識形態集團；反對這種生產的人，一般被廣義地稱為異議分子，由於他們以反意識形態而標榜，其市場地位自然因前者的存在而獲利。這是個奇怪的現象，正如「沒有壞蛋，造就不了好律師」的玩笑那樣。

知識，本質上是消費品。軟背景，不但提高知識的吸收量，而且還自己生產知識與價值，就像高端的消費者們會喝自釀的紅酒一樣。

教育，是產生知識的基本渠道，但是，那個體系裏很容易生產出假冒偽劣產品。通過教育積累軟背景的可能性是存在的，它可以被稱為繼續教育，但一定不是套路化的學位或職稱之類的學習。其基本要義是根據興趣學習，在知識消費中獲得更多的高質量的知識。

一定來論證這個邏輯，可以看一下尼克森的水門事件與《一九九九不戰而勝》一書的關係。失敗的政治家力圖用後來積累起來的軟背景，來向世人展現自己並不失敗的那一面。即便完全不涉及政治話題，軟背景也是一個無可迴避的問題。教育之外的學習，最好的方式是個體閱讀。閱讀的廣義化是藉助已有的知識進行觀察，並認真思考所願意思考的東西。

人性最醜陋一面往往由良言表現

無須諱言，作為一個民間學者，我一直在自願承擔社會義務，尤其是讓權力階層感到不快的維權事務，而且沒有失敗的案例。這贏得了底層社會某種範圍與某個程度上的認可，於是，有些本來就與我有社會關係的人在極難之時就想到我。

我的一位族侄，人很本分，雖有高中文化，但還是做些鑄造壯工之類的力氣活。收入是不少，可畢竟年紀往五十上靠了，過了（二〇一一年）春節，就四十七歲了。他現在是第二次婚姻，兩次婚姻都沒自己的孩子。簡單地說，是我們老家典型的「賴漢子」。前兩天，他與人在村中發生了碰撞。對方開汽車門子，把騎摩托的他碰倒在地。按交通規則，對方負全責。對方說給他修摩托，把他的摩托推走了。過了兩天，反過來跟他要一千塊錢的汽車修理費。分明是欺騙和敲詐。

他到派出所報案，人家說「沒打架，不管，找法院去」。族侄無奈，問我該怎麼辦。我以代理人的身份給扣摩托的人打電話，對方堅持不給摩托，還要汽車修理費。於是，我和族侄正式簽了委託代理協定，我以代理人的身份發函給派出所及其上級的本市公安局，要求他們作為，即為我的族侄立案。否則，就和公安局打行政複議乃至於行政訴訟。

有一個在本村有些社會地位的成功商人，委託我的親戚給我帶話：「這年頭哪有給賴漢子拉套的?!人家對方可是有人兒的，你不知道有多硬。」有人兒，就是有官方關係的意思。有多硬，無法測量，後來瞭解是扣摩托的行為人有在公安系統的親戚。我不在乎人兒、也不在乎硬度。但是，很在乎「這年頭哪有給賴漢子拉套」的說法。因為就是這個成功商人在還是賴漢子的時候，我多次幫他，他曾以過春節能請到我去他家喝酒為成功標誌之一，儘管後來由於我成了「純文化人」的原因而關係淡漠了。有了他這樣間接勸我的良言，我著實為過來的關係淡漠而高興。從今以後，我完全可以不搭理他了，不搭理他這位已經成了好漢子的成功商人。

公安局的態度非常好，局長委託法制科長問我對此事的最終意見，我的意思：讓騙扣與敲詐的行為人在派出所的監督下，把摩托給我族侄退回去，我族侄自己承擔修理費用，對方也不要再敲詐一千塊的修車費了。問題算是解決了。賴漢子，在村裏以後也能有與成功商人一樣的社會地位啦！

採取正式的程序交涉而不是靠各種人情關係「抹平」此事，是因為基層派出所太霸道。其實，我和公安局的正局長是羽毛球友，經常一塊打雙打——他找個高手配對，我和他的秘書小夥搭檔。但打球歸打球，雙方從來不談其他。

派出所霸道到什麼程度，一個協勤為報復我「告了」派出所，動手打我外甥並聲稱「願哪告去就哪告去」。在和法制科長協商過程中，我也提到了這個事情。結果是，派出所長訓誡那個協勤一下。訓不訓，誡不誡，我不管。附帶的問題是，我和法制科長也是多年前的熟人——他打電話時問我還「想起來了不？」。小地方，人際複雜，我也就放棄追究那位協勤責任的打算。

遠離大眾法西斯
——警惕那些不是「好人家兒出來的」人

「大眾法西斯」還不是一個十分嚴格的概念，它是我對賴希（一八九七至一九五七，奧地利哲學家）「The Mass Psychology of fascism」的套化。在《法西斯的大眾心理學》一書中，賴希認為以小資產階級為主體的大眾（含工人階級）在心靈結構上是受虐狂，突出表現為服從造反頭子的絕對專政，同時又對那些地位比自己地位低的人採取獨裁主義態度。賴希在大眾法西斯研究方面的傑出貢獻在於把法西斯主義看做全部人類的疾病，尤其是普通人的人類性格結構。

「它與這個或那個種族、國家和政黨無關，而是普遍的和國際的。」賴希如是說。現在，中國的事實給出了證明。案例之一是「保釣抗日」運動中，在陝西有人對一位日系車主施暴，用鋼絲鎖擊打車主頭部而致後者顱骨骨折（所幸沒有喪命）；案例之二是海南發生命案，原因是兩位朋友之間爭執中日開戰誰能勝利，主張中國勝利者因無法說服朋友而動刀行兇（導致民轉刑的命案）。

按著賴希給定的條件來說，陝西傷害案的施暴者並非社會身份就高於車主，但是，他主動認定自己因愛國而正義，換言之，他如裏亞・格林菲爾德所說民族主義賦予每個認同者的「與社群精英同等的地位」，使得自己沒有低於車主的自我認識。嚴格地說，他也沒必要認為自己低於車主，只要在身份平等的基礎上「互相平行」就足夠了。社會也必須認可這種人性基礎上的平等。恰恰相反，施暴者自己賦予自己特權而把車主視為下等人——開日系車就是漢奸、賣國賊，就應當受到大眾暴力的懲處。

有了以上分析，就無須再解析海南民轉刑案例。不過，回顧中國歷史，大眾法西斯還是很有教訓的，遠的不說，「文革」就是最好的例證。不管社會是否接受教訓，「文革」在政治學意義上就是大眾接受獨裁頭子專政的結果；狂熱的參與者們即便不是把自己等同於獨裁頭子，至少也自己賦予了獨裁頭子捍衛者的身份，從而造成自己與獨裁頭子之外的人都「低我一等」的心理結果。「懷疑一切，打到一切」並不打倒獨裁頭子，也不打倒自己。這個無論是語法上還是邏輯上都有錯誤的表達，是普遍精神疾病的反應。在現實中，「一切」還很多，如「穩定壓倒（高於）一切」，再如「四個一切」，不只是「文革」思維之謬種，而且是大眾法西斯之世界性病態的中國反映。

知識精英為了生存，也許不得不附和大眾法西斯，但是若是在實踐上合謀於大眾法西斯就不是生存策略問題了，而是人性之恥。好比孫思邈給醫生們的戒律：醫生不能如常人一樣為惡，若如此，就是「含靈巨賊」。在現實生活中，遠離大眾法西斯必然地會傷害到友情、親情，也正因為如此，普通人幾乎沒有力量擺脫它。然而，任何一個敢於自詡為公共知識份子的人，都應以此為基本道德起點，即便你有「男女作風」，即便你有「於財難斷」，凡此等等。說到這裏，有人會問：「你吶？」

我可以坦蕩地說，我做到了。涉及到具體案例會暴露一些人的私密資訊，因此我不能詳細列舉。簡要說的，只有一個：某位對外聲稱和我關係不錯的「社交人士」，在問我「釣魚島打起來了不」而被拒絕以後，放言（也是自問自答）能打，「死個三億兩億的，怕什麼」云云。我尊重每一個個體生命，實在沒法接受「三億兩億的」生命為一場哪怕是絕對正義的戰爭而消失的後果。在平時裏，我知道這位人士是有嚴重心理疾病的人（儘管表面看起來「很精神」也「很會來事兒」），所以，我有對其曲意照顧面子的行為（這也是其對外聲稱和我關係不錯的原因）。但是，這次不行了，我決計不和他再多說任何一句寒暄之外的話，也絕不在一起「活動」。

這是發生在「保釣抗日」運動最初的一個細節，時間記不準了，但是一定是在陝西發生暴徒用鋼絲鎖打傷日系車主事件之前。因為在做出此絕情的選擇之前，我曾反復問自己是否過分了，而當陝西事件發生後，我認為自己此前的決斷是正確的。在現實生活中，我是持守交往理性原則的。不過，我的「惡毒」也是有的，比如心裏咒罵一個人，說其「不是好人家兒出來的」。當然，這也不免有偏激之嫌。不幸的是，「不是好人家兒出來的」為數不在少，此也正是大眾法西斯形成的「家庭貢獻」。

在中國，「文革」遠沒有結束，存在「文革」因素的家庭還不算少。我曾從社會學角度模擬過一個「案例」，發在微博上，現在轉回來，為了給我所說的大眾法西斯命題做「純理論」印證：一個家庭有三個孩子，大的屬猴，一九六八年出生；二的屬狗，一九七〇年出生；三的屬鼠，七二年出生——不分性別。也就是說，三個孩子均出生于「文革」時代。父母呢，七十歲左右，都有「文革」社會生活經歷，不一定參加派系、武鬥之類的。這樣的（不僅僅是這個）家庭，基本上具有以下四種特徵中的兩種：一，習慣於語言暴力，或親人之間也吐大量髒話；二，家庭成員團結指數不穩定，惡化得快、恢復得也快；三，表面上親情或可維繫，但對待父母資源各有圖謀；四，社交層面缺乏最基本的人性，往往對人當面捧、背後扒。

一張可作為傳家寶的照片

引言：十幾年忘年交而無合影

香港《開放》雜誌在二〇〇三年刊登過我的一篇文章（具體期號未記），敘述茅于軾老先生和我的忘年交。雜誌配了圖，是我和茅老各自在該社的資料圖，也就是說一老一少兩位經濟學家到那時並沒有合影。

我心裏惦記這個事情，但是又不願在別人摻和的情況下合影。事情就拖到今年春節以後。即便如此，也等於我抓緊了一個難得的機會，儘管我們之間的交往用不著如此「趁機」。

一、通俗經濟學著作因茅老作序，有人感興趣

茅老來電話，說是北京有個企業家要見我，原因則是企業家看了我的一本書《真實的交易》。

企業家是茅老的舊交，書又有茅老作序。總的看來，企業家對我的信任即渴望一見的基礎，是茅老的品格、學問給我提供的「擔保」；而我之所以願意見企業家，也是因為我有一個信念——茅老信任的人其品質絕對可靠。

那天我去打球，太太接的電話。太太將企業家約見的意思告訴我後，我立即給茅老回話，答應第二天（二〇一一年二月廿三日）一早動身去北京。

企業家見經濟學家無非是諮詢宏觀經濟政策變動的可能性以及本企業的投資方向。我早不在體制內，對宏觀經濟走向的研判完全靠公開資料（如專業報紙上的資料），沒有什麼內幕消息可跟人家講；至於講到企業投資方向，憑在銀行打下的底子以及日常的個案分析，還是能「說道說道」的。

上午到趙公口長途站後，企業來接我的車是寶馬，但我對車的檔次不怎麼瞭解，心中體味企業尊重咱的意思而已。住的地方是東單街上的內蒙古大廈，四星，對面是東單體育場。呵呵，看來企業家知道我有打羽毛球的愛好。平心而論，我對住的地方不太在意，能住錦江之星或如家快捷那類中檔偏下的酒店就很知足了。

二、先打羽毛球而後去講課

約定下午兩點半跟企業家及其手下高管層見面。中午飯完全計入房卡，即企業付賬。一看不打折的房價是一二八〇元，即便打折也得五百元以上。再看午餐單人價，一五八元。算了，給人家省著點。有了這個豪華消費基礎，去體育館打球就，毛毛雨啦。插隊進了一個俱樂部訂的場地，對方要一五塊錢的分攤費用。我說：給二十，用球我全包了。對方當然高興。痛快淋漓打下來，找個小麵館吃了一二塊一份的炒麵片。得活！

下午給企業講課或者沙龍式交談，很愉快。講著，茅老給企業家來了電話，問我到了沒有。企業家顯然很興奮：「上午就到了。現在正在提問。」

我也有些興奮，接過電話跟茅老講：「講了快兩個小時了。現在，正解釋雷根採納供應學派的社會效果與中國目前宏觀調控的差異。」

長話短說。隨後是晚宴，晚宴上繼續交流。企業家問我在北京是否拜會朋友，我說：「沒特別安排，只見茅老一面，就返程了。」

第二天一早約定，茅老說下午三四點鐘有時間。看來，給我留得時間夠長。不過，我不會佔用他半小時以上的時間。企業家派車，還是那輛寶馬，把我送到茅老的住宅。我拎著上午為採購的兩小罐蜂蜜（一共才六十塊錢），背著我的球包，進了門。

「看來，你成了羽毛球健將了！」茅老看我身體健碩自然高興。此前，我給他發過一個郵件，附件是我在一次比賽中倒地救球的場面。

三、有勞趙阿姨給拍兩張照片

我跟茅老講一下我對諮詢企業的看法，算是個有來有往的交代。又說了一下未來的學術安排。

茅老跟我提到一位滄州政府機構裏姓田的人，由於茅老的普通話帶江蘇口音，我沒聽清楚是「田經昌」還是「田金昌」。這似乎是第二次說起。估計這位田先生和茅老認識有幾年了。不過，在這裏，我對信任原則作了修改。儘管茅老信任的人我不會再評估，但是，我是原則上不交往官場上的人的。更何況，我和本地官場的「衝突」已經形成必然之勢——國保員警老是有事兒沒事兒地打進電話，很煩人。他們也不懂什麼學術，只感覺到處是「危害國家安全」的苗頭。當然，這個想法我並沒和茅老說。我只是說：「如果情況可能，我會見見這個田先生，但我基本上不主動和政府機構來往。」

時間佔用不短。我要告辭，對茅夫人（趙阿姨）提了個要求：「阿姨，您會使用自動相機嗎？給我和茅老來張合影。」阿姨不但會用自動相機，而且給我們拍了兩張。原來我想就拍我和茅老坐著說話的姿勢——因為茅老年過八十，耳朵有點背，茅老說到窗戶邊光線比較好。拍完照片，也許太激動了，出樓道門時怎麼也打不開了。還是麻煩趙阿姨下了臺階，來給推開。好在茅老家在一樓，否者笑話就鬧大了——坐樓道等人出進唄。

廿四日傍晚乘上六點通滄州的客車，到滄州後打車到泊頭，十點了。一點疲勞感沒有，趕快打開電腦，整理相機裏面的圖片。二五日上午，就跑到照片沖洗店，做了十六吋的水晶版。二八日上午，取到照片，掛在書房的牆上。我笑著對太太說：「到你孫子那代人，這照片就成傳家寶了。」

結語：因為茅老，常消心中之惡

在現實社會裏，每個人都是一個評價中心，可以評價不同的人和事物，儘管在多數情況下，被評價的人並不知道，被評價的事物可能與評價者關係並不大。對於我，我還是堅持引用曾在二〇〇三年《開放》雜誌我的文章所引用的沙澤曼的話：我們不可能自由地選擇歷史，卻能從歷史上自由地選擇自己學習的榜樣。

茅老對於我，是一部歷史，這也是我寫〈昂藏老鶴風——茅于軾評傳〉一文的動因。茅老對於我，是現實尺度，這也是我時常消除自己惡念的最重大原因。

昂藏老鶴風——茅于軾評傳

在我看來，日後如果會有一本記載中國經濟學發展史的著作，那麼其中的許多篇章都會提到茅于軾的名字。

——何帆，《生產力研究》，一九九六年第三期。

引言：功底深厚的通俗文章

萌發為茅于軾教授寫傳記的念頭始於一九九五年，我是從一份叫《經濟學消息報》的民間報紙上知道了他的名字的。茅教授經常為該報寫些專欄文章，讀之如飲甘泉之清爽，思之更覺烘爐燎毛髮之功底。如果隔一段時間見不到，就會給高小勇（報社總編）打電話，從電話中得知茅先生是社科院系統退休的經濟學家。

今天，茅于軾與北京天則經濟研究所的名字，幾乎為每一個研究經濟社會問題的經濟學人所熟知。與他一起創辦天則所的一批經濟學家如張曙光、盛洪、張宇燕、唐壽寧等人，已如中國學界天空上的耀眼明星。天則所蜚聲海內外的影響，不僅是天則經濟學家的光榮，而且也標誌著中國經濟學有了自己的風格雛型。特別是制度經濟學在中國的發展已與天則的名字緊緊地連在一起，當然也與茅于軾的名字不能分開了。

一、茅氏家族淵源考略

讀史望馬班，立傳考淵源，幾乎成為國人治史的習慣。考據茅氏出源，乃姬姓分化而來。《通志・氏族略》載：西周初年，周公旦第三子受封於茅邑（今山東金鄉縣西南），稱為茅叔。茅國後被鄒國所滅，其子孫遂為茅氏。在以後的歷史滄桑中，茅氏大概在東海郡（或為今山東郯城，或為今江蘇東海縣以東、淮水以北地區）、陳留郡（今河南開封）、晉陵郡（今江蘇常州、武進一帶）生息繁衍。

茅氏後人有名於世者，可數漢代茅盈、固、衷三兄弟，因高風亮節而為隱士，也稱三茅君；宋代茅信卿因治家有方，得「四世孝義之門」詔表；另有鬼谷子學生秦代茅蒙、東漢茅容、明代文本兵備僉事茅坤，亦有稱於其世。

考證茅氏的源淵，還與毛澤東的一段趣聞有關係。當年毛澤東廣延世之高才、聖手，接見中外著名的橋樑專家茅以升時，問他是否與自己是本家。茅以升先生答曰此茅乃草茅之茅。毛澤東方知此茅非彼之反手之毛。

毛澤東與茅以升的這段趣聞已廣為人知，不過，似乎無人窺知毛澤東「攀親」背後的嫻熟的政治技巧。但無論此者屬否筆者妄猜，茅以升早在二〇世紀三〇年代就是造橋名家了。一九三三年，茅以升任錢塘江橋工作委員會主任、工程處長，主持設計和製造了被稱為「中國近代橋樑史劃時代的里程碑」的第一座鐵路、公路兩用雙層大橋。而且茅以升在美求學時的博士論文命題，早於一九一七年被稱「茅氏定理」了。

茅于軾教授乃茅以升的侄子。

茅以升的三弟也就是茅于軾的父親，名聲業績雖遜於其兄，但茅以新也是一腔熱血的知識份子，早年畢業於上海交大後便負笈美國，在普渡大學獲火車機車碩士學位，回國後為中國的鐵道建設傾注了全部心血。即便是在那個噩夢般的年代裏，茅以新父子同受衝擊，他們都表現出了中國知識份子的優秀品格。也許正是知識份子報國捨己的優秀品格，支撐著我們的這個古老的國家並使之偉大。茅以新的品格可堪其家學之一部分，這對少年茅于軾有多大影響以及對今天成為蜚聲海內外的經濟學家茅于軾有多大貢獻率，恐怕不是我這樣的青年人所能估計的。能慰藉茅以新，茅于軾的成就自不待言，而茅以新的另外三個兒女，也都是中國名校的教授和副教授。茅于軾之弟茅于海、茅于杭都是清華大學教授，妹妹茅于蘭是北京師範學院的副教授。

今天的茅于軾已年屆七十（一九二九年生），恰是當年茅以新被發配甘肅燒鍋爐的年齡。也許正是少年時代的顛沛流離，也許正是英時華年的挫鋒鎩羽，才使茅于軾在深深的社會道德感之下，勤奮地工作。此茅（於軾）亦非彼茅（以新）。七十歲的茅于軾已鮮花左右、掌聲前後，七十歲的茅以新卻想也未敢想此境。在寫史立傳的意義上，我們也該向彼茅致以深深的敬意。

二、得志看人品，失意看精神

有人說一九七五年蘇聯學者獲諾貝爾經濟學獎，從側面證明了茅于軾理論的優秀性，其實這是中國人的一個遺憾。

茅于軾並非天生的經濟學家專才，一九五〇年在當年其父的母校上海交大機械系畢業後，繼承父志，獻身於祖國的鐵路事業。從火車司機到工程師，再到鐵道科學院的研究人員，一幹就是三五年。這位英年盛鋒的知識份子，在他的領域裏雖不是巨擘聖手，但已小有名氣。可他卻沒有研究好「政治學」，政治運動不僅使父子分離，而且自己也成了鐵道科學院的右派。

得志看人品，失意看精神。政治命運的不幸沒有把他擊垮，挫鋒鎩羽之後的他還癡情地熱愛著鐵道科學：用控制論原理討論機車牽引的熱工動態性能，用概率論做了機車牽引熱工試驗的誤差分析。一個偶然的機會使他轉入了經濟學研究。一九七五年，中國政治舞臺鬧劇喧嘩的同時，也正曙光待出。冥冥之中，命運之手悄悄改變著社會，也改變著個人。是年，中央打算修建一條從格爾本到拉薩全長一二〇〇千米的鐵路。茅于軾作為項目評估人員之一，敏銳地發現在技術評價背後的經濟評估是線性規則，甚至說資源約束下求得最優根本就是線性問題。憑著在上海交大打下的數學功底，毫不誇張地說，此時他要比靠引證正統經典過日子的經濟學家更能從感覺上升到理性，再在理性的世界中構建理論。

知微見著，乃任何一個智者的必備件，無論從微觀現象得到與宏觀一致或相反的結論，那都是思想的結晶。茅于軾到一九七九年已導出了擇優分配原理，一九八五年形成書稿，在《走向未來叢書》系列中出版，其名為《擇優分配原理——經濟學和它的數理基礎》，此書到一九九六年已經印過七萬冊，又於一九九八年再行重印。

此書何以重要?!——僅由國內著名青年經濟學家張維迎的評語來證明就足夠了，張在一九八七年七月號《中國：改革與發展》雜誌上說，那是一本真正的原著而不是評著，作者以第一人稱的口吻而不是以第三人稱的筆法寫作。局外人對這個評價的含義也可能不太明瞭，對比一下那些精明老道的想從「正統經典詮釋家」一搖而變為新理論代言人的戚戚于富貴者，自然明瞭許多；對比一下那些急功近利的想在流沙之基上建立自己理論大廈的汲汲於功名的年輕後生，也深感此語的深刻性。

在巨大成功的背後，我們又不免喟然長歎。其一可歎者，茅于軾作為一個有思想的經濟學家，在鐵道科學院，在社科院，外界竟然不聞其名。倘使《擇優分配原理》「不是十年之思」的結果，其影響可能還會大，其效果還會好。其二可歎者，同在一九七五年，前蘇聯經濟學家康托洛維奇以線性規則創始人的身份，榮獲諾貝爾經濟學獎。有人說，一九七五年前蘇聯人的獲獎恰好印證了茅于軾理論的優先性，因為兩者同是數學規劃在經濟學暨經濟問題中的運用。可惜陰差陽錯。倘使不是政治動亂，也許一九七五年走上諾貝爾領獎臺的可能有一位中國人。至少來說，茅于軾的著作如果在二十世紀六十年代中期乃至後其出版有一本英文版在國際上發行，中國人或許會進入提名的範圍。

歷史不允許假設。不管物理學家對時間概念重作何種界定，對於經濟學家來說時間永遠是一維的：從過去到現在，從現在到未來。

逝者如斯，追尋遠去的一九七五年，我們只能隨以長長喟歎！寫到此，忽然想起了一位美國女科學家的經歷。芭芭拉・麥克林托克以八一歲高齡獲一九九三年諾貝爾生理與醫學獎。麥氏研究玉米基因轉座時，並無人問津，而且也喪失了原來的榮譽，但最終她征服了所有人，桂冠終來。至於榮譽，她走了一條由盛而衰，由衰而榮的道路。即便如此，早在她三十歲左右，就有人將她的成就寫成專門報告，從而確立了她的基礎地位。

我們崇敬為科學獻身的任何人，麥克林托克終生未嫁，然而她長壽到獲獎以後——多虧她長壽。對於茅老來說，雖然他已年近七旬，可是他比起麥克林托克當年的年紀來小一截子。我有充分的理由：樂觀地期望他為經濟學再奉酎獻祭。也只有這樣，才能讓以後的經濟學子、治史大家不再為那個噩夢的時代而悲歎。

經濟學有它的終極關懷，在繁榮的經濟世界中建立良好的道德秩序，乃是一種博大精深的思想。知往者不可追，歷史留給我們的遺憾，似乎沒引起茅老本身的注意。他一如既往地在經濟學領域中耕耘，並獲得豐厚的報償。一九九三年，茅于軾與盛洪、張曙光、唐壽寧等一批中國制度經濟學家建立了天則經濟研究所，現在該所已蜚聲海內外，與此同時他又被美國Marquirs世界名人錄和英國劍橋國際傳記中心選為一九九三至一九九四年度世界名人；在中國經濟學已日臻盛象的時候，茅于軾聯合海外留學的頂尖人才，分別於一九八九年和一九九四年出版了《現代經濟學前沿問題》一、二輯，據悉第三輯也將付梓。這套書不僅是經濟學研究生的必讀之書，而且也更為工作在經濟一線兼有學者身份的實踐家所關注。在某種意義上說，由此才有真正開始了現代西方經濟思想在中國的傳播。在考據的意義上，這也印證了題記中何帆的預言。

三、天則所的精英容納機制

茅于軾還有兩本通俗易懂的隨筆著作，影響較大。其一為《生活中的經濟學——對美國市場的考察》，一九九三年由上海人民出版社出版。在茅老親筆題贈送我此書時說：「小書似可一讀，因為他寫得都是小事情，也是真實的世界。」我不敢誇稱自己有深厚的經濟學的功底，但放床頭，每每夜靜之時隨手取來一閱，不覺間思想中組合出許許多新念頭。將這些新念頭或靈感收集起來，恰好證明了茅老的信念：「經濟理論必須逐條地都可還原為經濟現象。一切經濟現象也必定有相應的理論可以解釋。」

其二為《中國人的道德前景》，專以各種社會現象為標本，進行解剖。其風格由淺入深，由深而理，自不待言。難得的是，即使沒有經濟學專門知識的人也能看懂此書。這本書在我理解來說，是對《生活中的經濟學》關於道德現象討論的深化。在前書中茅老討論道德問題涉及到環保的道德約束機制的重要性，更涉及到金錢所不能公開涉及領域案例的道德問題，而後者則表現出了對中國人道德重建的一腔熱忱和深沉的呼喚，以及深刻的理性推導。

在這些看似淺層的問題中，讀者們不難發現，他作為一個有良知的經濟學家關懷的更深的底蘊已進入深層的哲學與倫理之思。比如，他說：「民主的精神不光在於少數服從多數，更重要的還在少數人的權利必須受到尊重。」在此論之下，他對社會上少有的天才人物的不幸抱以深深的同情，並希望建立一種良好的制度來保護少數人。又比如，他把大家所熟悉的「機會平等」予以社會學的分析，「發展社會內部的資訊交流和人員流動，讓每個成員都有更多的機會接觸到別人，瞭解別人的思想和主張，有利於避免意識形態的僵化，使社會共識有靈活應變的可能」。

在實際生活中，茅老已在實踐著自己的道德準則。這幾乎是每一個與他交往的人都能感到的。他從來不拿大師的姿態來對待人，而且樂意為年輕人提供盡可能的機會。他與盛洪的交往和結識，已成為圈內人士的一段佳話；他為宋國青能從西安到北京而奔走，更是有口皆碑的義行掌故了。就像我這很一般的「學者」，茅老也總不忘予以學術提攜，初次復信之時，茅老說有可能的情況下讓我去天則經濟研究所（以下簡稱天則）作學術報告。我幾乎不敢相信自己，待到心情平靜以後，才覺得這一肯定對我多麼重要。

我從中專畢業後，沒有進修過，也由於實務工作繁忙也無法一步步地獲得學位。雖然搞了一些研究，總怕還比不上愛因斯坦的泥板凳。有了茅老的評價，我得以準確知道自己的學術水平處於什麼位置，以及如何規劃日後的發展。天則破例給我學術優待，每次的雙周學術會都發函致我，而讓我按自己的意願選擇參加。

在與小勇北京閒談之中，還得知茅老在支撐天則所時所盡的努力。他在天則經濟困難的一段時間裏，拿出自己的積蓄為工作人員開支。無論衡以新風尚，還是量以舊道德，茅老都是無愧的。獨立的原則與入世的精神是天則的信條，天則團結了社會科學界的各方面的學者，所謂「千鎰之裘，非一狐之白」是也。

四、民間的，獨立的，入世的

天則經濟研究所是一家獨立的民間學術機構，有人說它是社科院的「體制外」產物。其實這種認識不完全正確，天則與社科院是互補大於排斥，合作大於競爭。不僅天則現有的主要經濟學家具有社科院研究職稱，而且天則也是社科院系統經濟學家發表言論的重要論壇。這個論壇就是雙周學術會。當然，在雙周學術會上作學術報告還有不同的部門和身份的學者。如那個主編《憲政譯叢》系列的梁治平本為藝術研究系統的法律學者，在天則的法律學術報告受到了廣泛的重視；又如一直力倡反對金融危機的周天勇先生，乃中央黨校經濟部教授；再如那個倍受著名經濟學家劉國光垂青的場態經濟學、社會學研究專家潘德冰，乃供職於湖北省體改委的學者，凡此等等。

天則的博大海涵容乃來自於它的獨立精神。正如茅老在天則一九九七年年鑒的致辭中所說：「作為一個民辦的，不以贏利為目的的經濟研究機構，天則所和政府的機構有一系列的不同。首先最主要的，它沒有固定的政府撥款，或者說，它沒有消耗納稅人所納的稅款，它所花的每一分錢都要靠天則所的人自己去掙來。其次，天則所的負責人不是上級委派的，他不對任何上級機關負責，因此，他們有很大的活動空間和自由度。這對一個學術研究機構來說是至關重要的。」

天則的學術自由，帶來學術繁榮並創造了無形的社會效益。《中國經濟學》系列，從一九九四年起每年一期，其所選論文的質量和影響力是公認的。其嚴之又嚴的學術標準，慎之又慎的治學態度，使之堪稱代表經濟學的水平。即便如此，天則所對其已選入《中國經濟學》的論文都予以鞭辟入理的評論，以《中國經濟學一九九五》為例，天則（盛洪）所撰評論就長達一・五萬字，而且這也是在四七篇論文篩選後的工作。天則在茅于軾所倡導的學術獨立的精神下，還懷著積極的入世理想，並把這些理想付諸實際。

在給茅老打電話中，約有五成的會被告知他出差去講學或做專案去了。以茅于軾為代表天則經濟學家在努力地實踐著自己的社會理想：「天則的同仁們並不是一批脫離實際的學究，而是極度關心現實世界的有責任的經濟學家。」僅對一九九六年的重要項目攝要而述就有「持續發展中的政府功能與能源與行業」國際合作會議，國務委員宋健任主席，茅于軾任能源與技術組中方副組長。由於茅于軾曾在中國鐵路系統工作過三、五年並有較高的社會威望，國際知名的諮詢公司A・T・Kearney香港分公司將該項目委託天則完成。舉辦「中國企業並購典型案例國際研討會」……

「千鎰之裘，非一狐之白」可以用來形容天則結學界人士的風格，也更適用天則的入世風格。

結語：一個學派的誕生

在中國是否已形成了一個制度經濟學家流派即「天則學派」尚是一個有爭論的問題。一九九七年上半年山東社科院的一位學者在《經濟學消息報》撰文稱天則學派已經形成，茅于軾教授立即發表文章予以糾正，稱曰：天則學派，目標而非現實。正是這種虛懷若谷的精神，茅老及天則經濟學家贏得了更為廣泛的社會尊重。他們的目標仍由茅老在一九九六年鑒致辭中的說的那樣：「我們希望在中國制度演變中產生的新生事物——天則經濟研究所，會茁壯成長，為中國人，為全人類作出力所能及的貢獻。」

在治史大家那裏，對一個人物的最終評價是十分重要的，而其精練更為難中之難。司馬遷為「漢之飛將軍」李廣立傳引漢時諺語「桃李不言，下自成蹊」，其後諺語變成了成語，有興趣的人自然會把這一成語與《史記》聯繫起來。我當然無法企及司馬遷，假使能像凱勒・伊夫琳寫麥克林托克那樣也就足願了。在模仿的意義上，引述洪應明《菜根譚》中語來總結自己對茅老的看法，似不為過：「昂藏老鶴雖饑，飲啄猶閑，肯同雞鶩之營營而競食？偃蹇寒松縱老，豐標自在，豈似桃李之灼灼而爭妍？」

簡單的愛，含有深刻的道理

隨手寫了一則小小感悟，揭示中國人不懂得接受愛的事實。不期，有兩位博友還給了評論。這也是一種愛呀！於是，我就抽時間來寫篇簡短的博文。

愛，說起來簡單，其實理解起來確非容易之事。尤其是，在表面現代化而精神實質還在一八六〇年以前的當下社會。也許由於社會生活統統速食化，如果一談到愛，人們很快聯繫到性，聯繫到上床。這樣理解不算錯誤，但至少是不全面的。愛在更多的時候，是一種欣賞與善意的釋放。如果美學還不至於徹底淪落為偽學問，那麼，異性之間的欣賞也是一種值得尊重的愛，是美學的一個課題。但是，一旦人們把曖昧與這種欣賞聯繫起來，那就大大貶低了愛的價值。

也許由於俗濫文人的無病呻吟，愛被局限在夫妻關係裏面，並被賦予極為莊嚴的宗教色彩。就是那種儒家正夫婦之倫而校正天下道德的虛弱幻想。仍然應當說，夫婦之愛是極為重要的愛之內容，再開放的社會也無法讓它貶值。

也許精神太過空虛而又自認高人一等的人，把愛泡沫化了，「大愛無疆」那樣的說法為性的俗濫提供了藉口。我不反對性開放，也堅信性是有品味的事情。不管人們如何速食化性，而故意模糊它和愛之間的關係，你都會體味到：除非出於商業（謀生）目的，或解決臨時饑渴，性一旦與金錢或（和）權力掛上鉤，那就成了十分乏味的事情。

由於性的乏味，更由於品味低乏的人不懂得愛之哲理，所以，他們更願意傳播一些具有「性朦朧」色彩的資訊，其中的色彩是乏味者自己加上去的。而對於那些不會接受愛的人，當然也是同樣乏味的人，就會產生不良的心理反應。由於心理反應不良，就會導致傷害別人感情的舉動。比方說，你要是在一個聊天群裏誇獎某個或某幾個異性如何不錯即值得欣賞——大多是出於共同愛好而表現的技能，那麼，就會有乏味者以自己的見解去向後者「詮釋」你的愛意。你以欣賞為主或幾乎沒性朦朧的愛意，就會被「潛意識」。詮釋者，若同樣是異性，那還可以理解；若是欣賞者的同性，那幾乎無例外是陰暗心理的表現。

較為現實的陰暗心理群體，大多是七〇後的人，因為他們的沒有目睹中國人性一個極其低點時代的醜陋而積累反思能力，大多是間接受其父母那一代人的影響。我做過大量調查，結論是：七〇後一代人當中具有「親族仇恨」的父母家庭，要比六〇後一代人的父母中的同類現象高百分之六十。當然啦，這只是社會學問題的模型化解析，而具有「親族仇恨」的家庭其子女往往包括六〇後和七〇後。

什麼是「親族仇恨」呢？最簡單的現象就是：兄弟之間有比與外人矛盾更難調和的衝突，姐妹之間同樣如此，或者兄弟與姐妹之間的關係也如此。有「親族仇恨」背景的家庭，其後遺症具有如下某個或幾個特徵：一，父母當中有人早亡，早亡的主要原因來自「親族仇恨」帶來的長期不良情緒；二，子女們（尤其七〇後）的婚姻出問題的概率非常之大，遠遠高於較為平常的家庭，這主要是父母帶來的好鬥、猜忌、仇恨等負面因素在子女心理發酵之故；三，社會交往巫毒化，好鬥、猜忌、仇恨在子女們的社交當中就表現為暗中傷害他人，或對人的陽奉陰違而又缺乏獨立的判斷力；四，由於人格分裂，更容易依附權力，包括黑惡勢力那樣的權力。

分裂的人格是「親族仇恨」的一個不易的後果。我們可以抽去「文革」社會因素的影響，而去在「愛」這個人類精神前提下去看問題，結果，我們會發現：愛對那些人是如此地缺乏，而缺乏的補充又是如此之難——不會接受愛，仍然是一個帶有哲學難題色彩的社會心理學問題。

超級理性，是無盡的快樂

交往二十多年的朋友，由於個人後半生道路的選擇，漸漸疏遠了。對於普通人，可能很是傷感；但是，對於具有超級理性的人來說，是一絲絲快樂。有半生結識歷史的兒時玩伴，由於各自的品位變化，變成了陌路之人。對於普通人，可能是惱怒；但是，對於有超級理性的人來說，可以放聲大笑。

超級理性並不是冷漠，相反，它是上帝對極少數人的恩典。如果在一些人心中，上帝作為一種向善的觀念並不存在，那麼，還是給自己更現實的自問最好。你需要別人瞭解，因此，希望有好朋友，但你和好朋友很難達成基本的資訊對稱。這不是件很彆扭的事情嗎？

你需要別人舉手之勞的幫助，但是，這個舉手之勞後面有比這個簡單問題更多的問題。你還需要幫助嗎？

具有超級理性的人，不會怨天尤人。這不是他們沒有感性的東西，而是他們瞭解這個世界的本真。所以，在別人遭遇本真而苦惱乃至於哭泣時，他們會很淡定，內心有一種收穫感。

我有一個交往了二十多年的朋友。突然之間，有兩年不再怎麼來往。家人不解其故，試圖到那裏瞭解。「願意去，你自己去。我是不去的！」我淡然處之。

作為好友，我瞭解他。表面的正直掩飾不住他對祿利的渴望，比如在當小官第一步時，他積極投靠一位品質很差的上級。為了他的提拔，有人挑唆，說該提拔的是我而不是他。我很不樂意聽。後來的事情不說了。不管他怎麼正直，與那個很差的上級的「結盟」，成為他後來仕途不順的基本原因。

我們之間來往稀少，不是我的過錯。真實的原因是他的孩子在大學裏入了黨，而後保送了研究生。我呢，是有「政治問題」的人，和我來往多了會間接影響他孩子的前程。我一點不怪他，因為他只有這麼一個孩子，後半生的希望之所在。最初交往是他主動，最後退出是他主動。兩年後的一天，他喝得大醉，非找我談談並繼續喝。我沒喝酒，但陪他沒問題，我首先拒絕一項「請求」——某某人希望約我一起喝酒，由他來出面「請」。又談了許多，耽誤了很多時間。最後的話，還是重複幾十次的眼下話，他說：「我老是認為你綦彥臣比較圓滑，可是沒想到後半生了，你真地正直起來，比我正直！」

呵呵呵。正直？他對政治很有興趣，談「航母」、「茅于軾」、「稅收」之類的事情，由於太不專業，被我打斷了話題。告訴他：「對茅于軾不滿，上網罵他去。我可沒義務給你傳話！」回首二十餘年交往，好在我從未勉強他做過什麼。只是我的酒量小，時常偷懶，算是「算計」過他吧！我在急切等他的孩子研究生畢業，在大城市找個好工作，把他從小城市帶走。那樣，我們就天各一方了。至於他來的電話——堅持我一貫「說謊」的原則——由太太回答「他出去了，沒帶手機」。確實，我真的不愛帶手機。

我沒事求別人，也不擔心自己路上突然有什麼急事。就這麼簡單。

另一位朋友是兒時玩伴。他發了大財，我還很「窮酸」。我確實是刻意躲避他。這倒不是我嫉妒人家發財了，相反，老是背後誇獎他如何從炸油條的小攤主成為包工頭兼建築老闆。而兩人真正的生分是，我作為好友勸他的話總未得實現，而且越來越相反了。我說「你一定要完成從流氓到紳士的蛻變」，他說「還是流氓在這個社會吃香」。我從來不以認識什麼官員為榮幸，而他卻以認識任何一個官場上的人為資本。我被動地出席過他的幾次宴會，由於不會奉承「貴客」而沒達到預期的襯托效果。好在，以後他再也不喊我參加宴會了。當然，我們之間沒有任何一分錢的經濟往來，更談不上誰欠過誰一分錢。

有一天，我拎著球包等公交去球館，他開著一部中檔轎車疾馳而來，減速後，伸出頭來惡狠狠地說：「你還沒死呀?!老見不著你，我尋思你死了呢！！」

「沒死。這不，怕死，才鍛煉去嘛。」我沖他一揮手，他的車子就走了。其實，所謂的友誼這東西就像點剎車與加油門。點剎車相聚、相談、相瞭解的過程極少，加油門往前跑的時候占多。在這個世界上走一遭，可留戀的當然不少。但是，友誼並不值得留戀，因為人至死都在變。唯有思想值得留戀。如果你覺得必要，就把它留給真正的朋友——也許相差一百年。如此，連點剎車或加油門，都不用說了。

裝蛋與裝聖

有欣賞鄙人博文的讀者勸我不要說髒話。很感謝。但是，有時為了有趣，還是得說點兒。可以不那麼直白，而且找那些可以產生歧義的詞兒。

裝蛋，我們家鄉的土語，文明一點的理解是不懂裝懂、假斯文；粗俗一點的是有類于現在的桑拿浴——這裏「不許賣淫嫖娼」，其實這個提示告訴你這裏有這樣的服務，因為普通浴池（絕無性服務）沒如此提示的，否則，就真是吃飽了撐得了。坦率地說，我一個人很累的時候也去桑拿浴，也理解那裏的裝蛋，畢竟是商業生存嘛！再說，還有不裝蛋的地方嗎？當「為人民服務」被顛倒成「人民為官服務」的時候，裝蛋就成為一種社會景觀。

在「人都為了生活」這個角度上，我也理解官吏們的裝蛋，比如什麼創建、什麼迎接，因為你不裝蛋，就沒法活嘛！該裝還得裝。文人則不同。不管你是在體制內還是在體制外，最好別裝蛋。就算如官吏們一樣為了活著乃至於活好，你可以裝蛋，但你要在裝蛋的基礎上再裝聖，那就是個品質問題了。也可能，這點可以原諒，文人也混飯嘛，尤其當今是錢信仰的時代。

之於我，是接受不了裝聖的，尤其不接受以文人面目向我裝蛋並裝聖的人。有個狗屁文人，他嫉妒你，不滿你的政治性表達，說你的文章經不起解構。這是裝蛋，因為從其表達上就知道他根本不懂解構的哲學含義，就不用說是哲學半瓶子醋了。後面的話激怒了我。他說沒認真讀我的文章。

你沒認真讀，就定性經不起解構？分明裝聖嘛！

在博客上罵我，沒關係，有時甚至歡迎。但是，你不能從學術角度侮辱我。侮辱我本人沒關係，但你不能侮辱學術規範。怎麼解釋，也不可能說——我沒細讀你的文章，就知道它經不起解構。典型的有罪推定，典型的酷吏主義。這東西用在學術上，不是傷害了我、侮辱了我，而是傷害許多人以為志業的學術。注意：志業不同於職業。

裝蛋可以是某些人的職業，如五毛、憤青，乃至於文化特務；裝聖，假定成為某些人的志業，這個社會真就危險了。現實中，假定很快被推翻。以裝聖為志業的人大都是那些狗屁文人，而且他們是在裝蛋基礎上，積累了大量的經驗而來裝聖的。見過一個裝蛋且裝聖兩方面都搞得不錯的文化人，聽說後來做商業出版策劃也發達了。但是，當他以易經學者出現並營造了神秘圈子時，他連最基本的古漢語知識都沒有。我真不懂他怎麼看懂「原版易經」的。

由裝蛋而裝聖，在中國文化裏不乏其例。宏觀的，如臺灣國民黨文禁時期，與李敖對陣的那些學閥。微觀上，網路世界在大陸複製了很多臺灣的彼時學閥。表面上，他們神情肅穆，似有擔當。其實呢，也不過是官場茶語陪襯，或是以文化人之名頭混個體制容身之處。其成績也不過通過關係人在不入流的破報濫刊上寫點近乎屁話的閒話。

好在，碰見裝蛋與裝聖的傢伙不是一次了。二〇〇五年出了《中國人的歷史誤讀》一書後，有個官方文人寫評論批判我，又說他是在暈頭漲腦的情況下，囫圇吞棗地讀完了本書，開寫評論的。為什麼不清醒了、細讀了，再說？當然，在這個多元的世界裏，欲望多，壓力更多。有些人偶爾裝裝聖，甚至是必要的生活調劑。就像我們小時候聽的故事——不懂二胡的人被癲狂的街頭演奏者問「還有味吧」，而被問者答以「松香味」——那裏面的含義一樣。

從寬容的人性角度講，在憤怒之後，我還是可以原諒裝蛋並裝聖的人的，尤其當裝蛋與裝聖一併成為一項事業時。因為那裏至少能養住許多人就業嘛！像《歡俅時報》（歡俅，諧音，讀者自己理解），就是最可寬容的裝蛋與裝聖的大事業。它可以不懂裝懂地胡說，也可以似是而非地評論眾意所矚的事件，如余杰去國背後的經濟奇蹟造就了異議之說。

大裝蛋，裝大蛋，有歷史性分析意義；大裝聖，裝大聖，有學術性批判可能。對於那些等而下之的裝蛋，只能被動地寬容。在對那類無聊、猥瑣所謂文人進行一番學理批判後，就不再搭理他們。願意做憤青，願意做五毛，願意做文化特務，那是人家自由。應當記住：給你所愛的人自由，也給你不愛的人自由。後者就是消極寬容的表現。

真他媽少一竅，德里達會這樣罵人嗎？

西方嚴肅的哲學史家是拒絕用「解構」來解析德里達哲學的，而代之以「延異」。但是，中國有些裝逼的狗屁文人，在連延異都不知道的情況下，就解構起來了。

稍微嚴肅點的中國哲學家，對解構也持懷疑態度，認為這是個指向虛無縹緲的概念。對西方哲學史但凡有皮毛瞭解的人，都知道：德里達不過是個三流的哲學家，在文學方面的影響比在哲學方面大。因為，在文學理論裡加進別人不懂得哲學，好忽悠呀！就像所有的中藥壯陽品都偷著加西藥偉哥成分一樣。即便是德里達最核心的延異概念，也不過在白馬非馬的水平。而其整個哲學的深邃性是沒法與雅斯貝爾斯相比的，維根斯坦的確定性追求也是他無法比擬的。就這麼個狗雜碎哲學，竟然讓中國傻逼文人如癡如癲。

最通俗地詮釋解構，就是一點一點地拆建築上的腳手架子，最後架子拆完了，有人要求探究建築的地貌原型以及古代地質成因。於是，所謂的德里達哲學就產生了，解構也就形成了一個什麼哲學構建。德里達的胡說被中國浮躁、裝蛋既裝聖的環境看好，在傻逼文人裏面風行起來。有過上世紀七十年代晚期，毛死後在漫窪地求仙藥經歷的人，可以想像中國的傻逼哲學人士的瘋癲之狀。弔詭的是，中國哲學傻逼們之所以推崇德里達乃至解構，是因為他可以在思想譜系裏歸為左派。這也是上指傻逼們都較憤青、較「愛國」、較馬列的原因。

就是德里達本人也不把自己看成哲學家，甚至時有放棄做一個哲學家的打算。別看我在這一連串發言裏用了不少粗俗字眼，其實是在給那些裝逼的中國哲學人士上課。你們就別裝蛋加裝聖了。德里達的哲學裏有秘密武器：雙關語、低俗語、嘲諷和暗笑。我敢說，那些裝蛋裝聖裝逼的解構們真要和德里達面對面探討解構，一定會被嘲笑——真你媽少一竅！

我所理解的交往理性

引言：一個概念的準確含義

交往理性，是哈貝馬斯哲理學裏的一個重要概念。而與其說是個哲學概念，毋寧說它屬於社會學範疇。

概念本身的含義是：人們通過語言交往活動，達到互相交流並遵循各自行為所體現的共同本性。按著哈貝馬斯的闡釋，這個概念有三個指向：第一，在認識層面，主體與現實世界的關係；第二，在行為方面，作為交往行為的人與社會的關係；第三，在效應層面，人同自己的內在性對應於交往者各自的主觀性之關係。

一、用「麻將原理」來解釋哲學問題

上指的第三項較為複雜，也是我在過來十五年進行「業餘的專業化」哲學研究的關注點。順便說，很慚愧，到目前為止，我只公開發表過三篇哲學文章而沒寫書。其一是《「跪著造反」與亡於哲學》，解析前蘇聯崩潰的哲學原因；其二是《善不可分，邪惡自見》，探討人性終極哲學含義；其三是《彌額爾世界圖式的哲學麵包》，表達自己對宗教哲學的一些看法。到目前，我還沒計畫寫哲學方面的書，也不打算寫如上例的哲學文章。但是，有所感悟的零星抒發，就得以博客短文的方式寫出來，也算個「備忘錄」了。

人同自己的內在性問題說起來不複雜，從經濟學角度解釋，它是一個人同自己做交易的現象。對於一件商品，買是不買，總有兩個「我」在鬥爭；對於一張麻將牌，發還是不發，也是兩個「我」的較量。結果往往是理性的我失敗給感性的我。點炮式麻將打法其實就是懲罰感性的我而鼓勵理性的我——那麼一種機制。

對於有大量閱讀經驗的人而言，內在性其實比「炮手」更容易出錯。有時，僅僅是為了表達（相當於被催促「發牌呀」），而不能顧及邏輯的成立與否。而後是，用語境來辯解（相當於「我給了發和，總比人家自摸要好」），而辯解之無力相當於用一個新的錯誤來掩蓋前一個錯誤。最終是，個體的我把握資訊的能力越來越差，利用質量也越來越低。

二、文人相輕與參考文獻機制

一個缺少哲學涵養的文化人是很難把握自己的內在性的。這造成了文人的「墮落」，即沒有說服力的表達成為無知的強詞奪理。回歸中國古典，它也是文人相輕的一個根本原因。

文人之間，為什麼比平常人更缺乏交往理性呢？這是因為各自的主體性因於專業、閱讀經驗、知識半徑等方面的巨大差異。兩個完全沒文化的人（比如愛整理家長里短的「長舌婦」），遠比兩個有文化的人（比如一個評論寫手與一個歷史學者）之間，更能談得投機。因為限於基本相同的知識半徑、幾乎不存在閱讀的經驗、以及「主婦」的專業之一致，「長舌婦」的文本差異性不大。這不是貶低婦女，例子如同麻將一樣。

兩個文化人交往建立不起理性來，在交往質量（哪怕只限於個體談話的愉悅感而不論內容的真實性）遠不如「長舌婦」。那麼，喪失理性的分歧在何處呢？就是至少有一方不會使用參考文獻。

不會使用參考文獻的說法，是個近乎純理論的描述。但是，這也反過來證明，為什麼重要的學術文章一定要使用文獻索引（或注釋）的緣故。如果一定要建立交往理性，包括引入批判（批判不是壞事，可以進一步趨近真問題），那麼，就需要告訴交往物件——我的文獻列述如此。但問題又來了，不是每一項文人交往都要使用參考文獻，即完全按做論文的方式來。這就回到了前兩個項目，交往者與社會關係，比方兩個人對政治正當性的看法不管一致與否，首先得確定是否雙方都有這一概念。假定一方沒有，交往可能成為攻訐事件。

個體與世界的關係是由個人確定的，其中很重要的一點就是你如何向世界表達你的意見。假定你只是為了表達而表達，在不算壞的情況下，它與思想產生沒有關係；假定你想讓表達有價值，就得參考別人與這個世界的關係。不幸的是，這往往超乎了交往理性的哲學問題，又回到社會學裏面，簡白地成為階級關係。馬克思講，全世界無產者聯合起來，至少是排除與資產階級交往的理性，只是為了一個埋葬目標而已。毛澤東講，世上沒有無緣無故的愛和恨，至少把個體感情階級化了，因此就衍生出雷鋒的極端——對人民火熱的愛，對敵人刻骨的恨。

三、身處「富裕的文革」時代

中國整體上不是一個交往理性的社會，因此，仇富、仇官、仇警、仇窮之表達到處都是。一個缺少交往理性的社會是沒希望的，正如一個仇窮的社會是沒有希望的一樣。

我們目前遠未擺脫「文革」，而是進入「富裕的文革」時期。這種「文革「與上世紀「文革」僅有的區別是在物質（經濟）層面上變好了，而精神層面（哲學營養）是極其匱乏的。在「富裕的文革」時代，文人之間的交往不理性真地跟不上「長舌婦」之間的交流。這是個事實，儘管很殘酷。不過，改變的路徑還是有的：第一，消極性，等「文革」思維一代人因生命規律而離開這個世界，從而為理性交往騰出相應的空間；第二，積極性，努力生產新的理性思想，從哲學層面擺脫蘇聯式的營養不良，而慢慢產生了一批思想巨人。

思想巨人或者宗師，對於許多人來說，是個令人嫉妒的榮譽，而在我看來，他們本質上是一種為社會提供效能的資源，就如同礦山、河流一樣。不過，這些礦山一定具有自我開採功能，那些河流要拒絕污染並具有自清能力。我已經自詡過可以成為一代宗師（之一），也不怕別人的嫉妒。而常使我心懷顫慄的問題是：我能主動拉開同交往不理性的距離有多遠？我假定是一條思想河流，我的自我清理能力有多大？

結語：印證技術變遷的重要作用

在顫慄之外，我又常懷希望：網路為眾多平民思想家的產生提供了可能，也確實產生了許多，他們也具有交往理性的基本素質，並作為種子存在著；還有，藉著交往理性的小規模存在，也仍藉著網路帶來的技術便利，對於真問題的探討不再是一小撮人的壟斷。

一個充分競爭的思想市場會慢慢出現，從而將「富裕的文革」時代漸次清場。僅僅從我的最專業處講，它仍然給出了一個制度經濟學的證明——技術變遷能夠促動制度變遷。並且，這種促動在中國尤其明顯！為了這種希望與已經發生的事實，喝半杯酒吧！呵呵呵。作為「業餘的專業化」哲學愛好者，我也不總是板著臉的。至少，內在的那兩個「我」之間的交往理性還是存在的，個體的哲學營養既豐富又合理。喝半杯，就這樣！

有宗教而無神學的危險

清華大學的張緒山教授在《炎黃春秋》雜誌二〇一〇年第六期上發表文章〈「錢學森之問」：一個不成問題的問題〉（以下簡稱「錢問題」），其基本觀點我深為認同，但是，錢問題在表達方面卻又很失嚴謹。如果是個小欠缺，自然不必費筆墨討論，而是這個欠缺恰恰說明了中國由來已久的大問題的一個方面，因此，有必要著小文簡說一二。

我所說的大問題是：中國「有宗教而無神學，有信仰而乏公義」的宗教哲學現狀，此者造成了近三十多年來的整個社會「哲學營養缺乏」之後果。同時，不管一個社會的主流意識形態是什麼，其精神層面崩亡的根本願因就是哲學貧血。關於這一點，我在一篇名為〈「跪著造反」與亡於哲學〉的文章中說過，不再贅述。

錢問題關於「《聖經》之外無真理」的批判性描述，十分典型地說明了中國宗教哲學「有宗教而無神學」的現狀。也就是說，連名校教授都缺乏關於神學與哲學方面的素養，確實是我們這個社會的大問題，進一步地說明了自由主義力量也存在不可忽視的淺薄之處。儘管我本人曾被洗岩那樣的溫和左派貼上自由主義「極右」標籤，但是，我仍不迴避自由主義陣營裏的淺薄之狀。

錢問題一文以基督徒主張「《聖經》之外無真理」來比喻毛主義排斥思想獨創的社會力量，其用意可以理解，但是，這個比喻從學理即信仰現象之外的神學上，是說不過去的。

第一，基督教本身絕不是唯一神宗教，「三位一體」的神學原則不僅是近晚的勉強確立，而且還是神學中爭論不已的核心問題。基督教的非唯一神本質，由舊約的耶和華與新約的耶穌的「模擬血緣」之外分別被信仰的地位來印證。同時，對聖母的崇拜又與對「二耶」的崇拜形成了宗教分化與神學不同維度的延伸。

從藝術哲學的角度看，基督教的非一元神本質也是電影《達文西密碼》的價值源泉。同理，在西方電影中，宗教價值的「暗中」表現是電影業在世俗佔有重要地位的市場價值之根本。從《超人》到《二〇一二》，都是在探究人類有否獲得外部救贖的機會、最後審判將以何種形式發生的問題。

從這一點上來看，中國是沒有電影的。中國沒有電影，說得有極端之嫌，但是，它恰恰印證了「有宗教而無神學」的現狀。我們可以說，主流意識形態可以重新塑造信仰模本，如唱紅歌，但是它沒法形成類似神學體系的價值性話語體系，或者說這個體系即便出現了也是社會嘲諷的對象。

事實上，到目前為止，人類任何一種宗教都不是唯一神論。如果是，那麼作為神的代理人的聖徒的地位就是不合法的，這也是路德與教權衝突的根本要點。沒有路德與教權的叫板，也就不會有大規模的宗教改革。

第二，在廣義的基督教（含天主教、新教、東正教）裏面，上帝是否全知全能，一直是個不曾消失的問題，比如關於奧斯維辛集中營的出現，有人質問那時「上帝睡著了嗎」。這樣的發問，在表面上一神論的社會裏似乎有瀆神之嫌，但是，想想中國歷史上曾有君王演練射天神的遊戲行為、曾有女藝術家斥責天不開眼的史實，我們就不難理解「上帝睡著了嗎」的責難。

此外，《聖經》作為信仰者的讀本，並非就是現在的這個「真理」文本，而且還有偽經、次經，後兩者也在不同的程度上影響著西方文化。同時，對於上帝是否全知全能的疑問，在許多宗教現象中雖然沒有明確表現出來，但是，它確實是各種異端產生的基礎，而所謂的異端並不一定就是邪教。即便異端在當時被看成邪教，一個時代也沒法壓抑它的發展。耶穌創立的基督教與古猶太教的關係，就是如此。

第三，神學的發展早就推翻了「《聖經》之外無真理」的定論，像自由主義神學，像在拉丁美洲至今仍有不可替代作用的解放神學，都是在信仰基礎上異化出來的神學。自由主義神學基本上就是我在本文中所主張的這一套，而解放神學的核心要素就是社會和諧與和解，比如壓迫者和被壓迫者同時獲得精神層次的解放與現實生活中的和諧。

懂得服務，是件了不起的事情

引言：「勤行」一詞背後

根據個體經驗，我相信絕大多數人不懂得「服務」的真實含義。一方面，儒家思想裏面講究道而不器，也就是說「算個人物的人」應當考慮大的政治倫理問題而不必關心細枝末節的社會現象、生活瑣事。另一方面，「服務」一直被以「勤行」一詞代指，其背後有很深的歧視含義，如諺語雲「車船店腳牙，無罪也該殺」。簡言之：中國的大文化環境不利於「服務」形成一種價值。

中國加入WTO以來，傳統的東西大有褪色，影響力式微。於是，「服務」有了社會地位提升的機會，被稱為「第三產業」云云。質而論之，沒有服務就沒有世界、缺乏服務的社會一定死氣沈沈！

一、可怕：不瞭解自己銷售的東西

在目前人們的「轉型期」一詞指謂的現實下，「服務」應當成為價值體系，應當成為企業信仰。做服務的企業要拿服務當作一種信仰看待，要以宗教情懷待之。如此，才能使「懂得服務」成為中華文明的新元素。整個社會給了服務應有的地位，國民道德將為之一新。

在「轉型期」，社會思維有了較大改善，但「懂得服務」這個看似淺顯的命題還是多數人答不出來的難題。今年（二〇一二）七月初，我在鄰近的三線城市最大的公辦書店購書，買了一本名叫《不抱怨的世界》的書，我並未注意到書還附贈一個橡膠手環。由於我拿的那本書外封塑膠套已撕開，沒有附著那樣一個手環。在結賬處，收銀員高喊：「社科，來個手環。」

書店裏面的一個女服務員走過來，很不快地對我說：「把那本書給我！」而後拿走。她不是送過一本書來，而是隔了三米左右的距離，「啪」地扔過一本帶有手環的書來。應當說，這套粗魯舉動並不是針對我的，甚至不是明顯地針對她們店裏的收銀員的。然而，極具諷刺意味的是：這個書店賣一本提倡不抱怨的書，竟然以抱怨的形式來賣！

書店不瞭解自己銷售的東西，服務員也不懂得服務。我並沒有對她的粗魯表示不滿，而是當做一個案例來分析。結論是：你在銷售任何一項實際產品（如書本、傢俱乃至於兒童玩具），其實你都是在銷售服務。從大的方面講，你在銷售你們公司的整體氣質即你主動或被動提供給客戶的軟環境。

二、粗糙：不懂得何謂企業「軟實力」

「軟實力」不只是國際戰略問題，更是企業生存尤其做成有可傳承性品牌的核心元素。從小的方面講，你應當在銷售時提供看似「額外」但有益於市場開拓的因素，如對產品（服務方式）必要的講解。中國（大陸）目前的客戶要求總水平並不算太高，甚至客戶會主動省掉一些服務環節。但是，這並不構成服務者（個人，公司）不提供額外服務的理由。而額外服務與超乎想像的服務，往往是開拓市場深度的一個契機。

仍以個人經驗來解析一個案例：今年六月初，我打算將臥榻式單人沙發改成無靠背與扶手的簡易小床，並為其裝上從兩把舊電腦椅上拆下來的六個萬向輪。這需要有電手鋸與手電鑽。我只有手電鑽，決定在所居住小城市的較大的一家電動工具店買電手鋸。有一款手電鋸價格不貴，二百六十多塊，不到三百。按著成本核算原則，我利用舊沙發改制單人小床等於省了約為一千五百元的新購買支出。自己動手不僅獲得樂趣（經濟學常說的「效用」），而且還會節省出一件早有心買的電動工具的錢來。

到了某家工具店後，買了電手鋸，另買了兩塊鋸片（圓的）。時值中午，天乍熱，人發懶。我希望售貨員給裝上鋸片試一下，她以店裏沒這個慣例為由拒絕。我自己回家按說明書搗鼓，但裝不上鋸片，就打計程車再去店裏。恰好男老闆在，招呼了一聲負責維修的年輕工人幫我搗鼓調試。鋸片安好，試起來正常。那個女售貨員臉上沒一點愧意，反而還有些得意的微笑，或許是「涮」了客人一把的快感。我畢竟是個「人物級」的人，不輕易發火。謝了工人與老闆，再次打車，回家做自己的木工活兒。

上面這個事情給我帶來兩點思考：第一，服務者（個人，機構）的「額外服務」往往是舉手之勞的事情，但對於這樣的舉手之勞服務者竟不主動為之，可見真地不懂得服務；第二，一個服務企業（機構）是有總體氣質的，是有軟環境提供功能的。比方說，如果那家電動工具店有一種很好的內部協作機制，售貨員完全可以在我最初要求試裝鋸片時，喊工人來調試，哪怕是向我額外收些費用。

三、修養：起於個人，影響企業

無論扔書的服務員還是拒絕調試手電鋸的售貨員，其個人修身肯定存在問題。也恰恰是修身有問題，才出現了在工作中表現抱怨的情形——拿顧客開「涮」也是抱怨的一種表現形式。

服務者有抱怨並不可怕，可怕的是她們二人都是女性！可見中國人的修身環境有多麼惡劣！沒人會相信一個成功的男人背後會跟隨著一個滿心怨毒的女人，即便在一個滿心怨毒的女人施壓下成功的男人其成功也不會長久。當然，我們不能將修身環境不好的責任完全歸於女性，更為關鍵的是：不停地抱怨的人，她／他的精神世界是扭曲的。

這種扭曲要靠什麼慢慢來矯正呢？聯繫企業「軟實力」的積累，其遞進層次如此：一，個體修養，外在認可為素質；二，團隊修養，外在認可為企業氣質；三，做成一種文化，形成一種企業信仰。這三層意義的「修身」是百年老店之品牌形成的基礎，它不是直接寫到紙面上的，但一些企業治理理念源於它。我們不妨看一下同仁堂藥店統一掛的木製對聯，右曰「炮製雖繁必不敢省人工」，左曰：「品位雖貴必不敢減物力」。這裏面的兩個「必不敢」精華性地反映了企業「大修身」的觀點。

企業的軟實力藉助服務形式傳播出去，遠比向顧客發學習材料之類的行為效果要好。適當的公關還是要搞的，關鍵的是：要借助現代技術手段表達企業的理念。這也是許多企業積極辦網站的原因之所在。

結語：企業網站要有品位

企業網站也是一個服務元素。遺憾的是，許多絕大多數企業的網站是「沒文化」的，大多是直接介紹自己的產品。好一點的是，企業象徵性地在網站首頁寫上幾句諸如「竭誠為您服務」之類的客套，但要帶上一些更好的服務元素，比如地方文化積澱之介紹、行業歷史之考證、與業務無關的其他個性資訊。最後一項可以開發與客戶的業務外的共識，建立「個性化」聯繫。

最壞的情形是企業在網站上大肆宣揚本企業與官方的密切關係，比如，某某領導來考察或為新專案剪裁，等等。當然，在中國官本位文化環境裏，官商關係是企業生存與發展的重要因素，但是，隨著社會整體素質的提高，官商關係會貶值。不斷強化的社會負面資訊裏面，「官商勾結」被高頻使用是一個徵兆。

清華的進步：從棍子到文書

現在（二〇一〇年十二月），清華一位王姓博士因給山東濰坊市的市長寫問責信，要求公佈拆遷決策細節，成為時下轟動性新聞。我本有心發封電郵，問問有一面之交的清華博士後劉培峰，但一轉念，幾年了，他可能到別的地方就業了，更大的可能是做了廳局級幹部而不便表態。罷了。不過，我還是很懷念他在清華一個營業性餐廳裏對我的招待，儘管我對清華並不如其他學者那樣懷以恭敬之情。

近半個世紀以來，清華是培養庸才的地方無疑。

在那次和培峰先生以及著名書商陳大鵬（就是《世界上最偉大的推銷員》最初翻譯版的策劃人）一起吃飯後，聽到新聞爆出一則關於清華的大料子。報導說，曾是清華優秀團幹部的董姓清華博士，在浙江老家一頓棍子打死了與其家為蓋牆頭發生爭執的馬姓村民。有些報導細節確有排除媒體炒作的痕跡，但是，有兩點是無爭議的：第一，董博士的母親曾四處散佈消息，說自己的兒子將回來當縣長，言外之意她將以縣太爺親娘的身份和大家說話；第二，當地鄉親們說，董博士少年時代曾受鄉里之惠即獲得過鄉情幫助。

同樣，山東濰坊事件裏，地方小官（大概是居委會的）也說王博士在未發跡以前，接受過三千塊的鄉情資助。在我看來，三千資助固當回報，而且最好的回報方式就是用專業知識和專業外的知識，幫助鄉親中有需要的人們。恰恰是王博士父母房子遭到野蠻拆遷，他致信地方「父母官」的連鎖效應，就是提高了那裏百姓的法律意識。

五年前，董博士的棍子把清華的聲譽打到了最低點；五年後，王博士的公開信似乎向人們說明，清華不再是只生產庸才的地方。這個轉變也許是不自覺的，可畢竟是發生了。有人說，王博士的案例說明法律程序不可靠。那只是問題的一方面，程序有老大問題，操作中又有私利介入，但是，畢竟壞的程序也好於好的棍棒。如果我們利用程序的技術高超，那麼，壞的東西會被顛覆和粉碎。相反，棍子的技術再精湛，也會導致嚴重的後果，雙輸的後果，連零和遊戲都做不到。

對於前一項，我深有體會。從二〇〇八年四月到二〇一〇年十月，兩年半的時間，我幫一對農村老夫婦打贏的行政訴訟，就是「民告官」的官司。省高院終審裁定撤銷了滄州中院的判決，撤銷了滄州市政府的行政複議決定，責令其重新作出行政行為。有人認為，我一定是動用了什麼重要關係。坦率地講，打贏這場在絕大多數人看來「有理也贏不了的官司」，所動用的「關係」僅僅是國外和境外網路媒體。我一邊進行訴訟程序，一邊利用作家的優勢發表評論、揭露司法操作中的舞弊行為。我不以此為傲，儘管它本來是可以為傲的——我沒律師資格，卻打敗了對方請的石家莊的兩名律師。

正像清華是半個世紀的庸才生產之所一樣，中國的律師行當也是混蛋兼流氓集中的地方。但是，你不能指望每個律師都去流氓化，唯一要求的是你的「技術手段」一定要比他高。

清華這點無奈也不自覺地進步，可算是中國進步的一種標誌。中國繼續進步或能取得巨大進步的希望，在民間，在於民權的覺醒。不是什麼高高在上的人的突然的良知醒悟，儘管醒悟有可能發生，儘管那可以大大節省變革的成本。

也許有一天清華的牌子跌得像垃圾股那樣，沒什麼價值了，但是歷史會記住「從棍子到文書」的標誌性轉變。有人擔心清華真的不行了，因為連哈佛那樣的世界級名校都在公開地在網上免費授課；有人認為清華死不了，因為教育部正在研議「辦現代大學」的改革政策。但不管怎麼說，知識價值如果不是為社會公眾服務，那麼，這個社會仍然是反義的，這個社會裏的大學仍然是生產庸才乃至暴力的地方。只要知識價值不能成為弱勢群體的社會資源之一，那麼，這個社會仍然不可避免地給混蛋兼流氓提供優渥的條件，而且不僅僅限於律師行業。

「鳳姐」的隱私部位比「維清派」的腦子乾淨

上個世紀早期，fair play中文音譯為「費厄潑賴」，著實讓人難受。該詞是「公正遊戲」的英文寫法，直譯為「公正遊戲」絲毫不費什麼周折，而且更易於理解。話說兩頭。真正達到「公正遊戲」的狀態，在現實社會中很難。比方說，無形的圖騰崇拜就是阻礙因素。如果一定從學術角度講「文話」的話，那麼，孔夫子之前的「學在官府」就是這樣的東西。因此，以我個人作為很業餘級的歷史學者（其實就是通俗歷史寫手）之水準來說事兒，孔夫子在中國歷史上最大的也是唯一的正面貢獻就是「違法辦學」，以私人授徒方式破除了「學在官府」無形圖騰崇拜。

「學在官府」的本質就是學校生產意識形態，它也是高等學校如大學及研究院稱為「學府」的由來。二十世紀後半葉，「學在官府」死灰復燃，清華是為最大的無形圖騰。這個圖騰成為一個魔咒，也是受益者不愈的癔症。我撰博文《清華的進步：從棍子到文憑》，被「維清派」痛罵與圍攻是為證明。支持我觀點的博友認為我戳到了某些人的痛處。我以為然。而與「維清派」發生最認真交鋒的細節，是與博主polobear的數來數往。我不知道polobear的具體含義是什麼。外國球星或歌星的名字？還是一個熊的品種？按照一貫的做法，我翻了牛津高階與朗文當代兩本大詞典的增補條目，均未找到詞條。無奈，就用「費厄潑賴」的辦法，音譯過來，稱其為「破鑼逼呀」。

此譯有些不雅，但使用骯髒語言是polobear先「動手」的，其在評論我的一條帖子時（二〇一〇年十二月一日，〇一：一八）說：

最淺顯的古文？那個字拿出來你肯定不會懂吧，至少不會是最淺顯的吧？抄襲又如何成風？清華的學風向來是全國最好的之一，何下如此妄斷？我欣賞有自由之精神者，但是鄙視嘩眾取寵，爭取眼球的。最可悲的是現在有一大批您這樣的人士，通過這樣的嘩眾取寵來「吸金」，同「鳳姐」、「芙蓉姐姐」類似！！這難道不是一種賣弄風騷？我倒同情性工作者們為了生存而不惜出賣身體，而你這樣則不惜用謊言來出賣心靈者，比妓女更甚，要遭到全體人類的鄙視與遣責。（我的原帖發在二〇一〇年十二月九日，〇〇：二〇，原內容如下：當一個大學校長連最淺顯的古文都不懂，您還指望這樣的大學「背負民族希望」嗎？當一個號稱頂尖級的大學，抄襲成風並無法追究時，你認為它比臭魚爛蝦的菜市場一個角落，好哪裡去嗎？）

「破鑼逼呀」在使用「妓女」類比我這樣的「人士」時，還順帶罵了「鳳姐」與「芙蓉姐姐」。坦率地說，我對這二位女士不瞭解，但是，我認為她們的藝術或寫作表現，是中國社會往民主化邁進的不可或缺的細節動力。很顯然，消費民主化是民主化的一個重要方面。兩「姐」是精神產品消費民主化的消費品生產者，理應受到尊重。因此，在人們一片罵當年李宇春的時候，我在很小的「精英圈子」裏說我支持超女。與今天支持「鳳姐」一樣。

說句再難聽的話：鳳姐的某個隱私部位，其乾淨程度，絕對高過「破鑼逼呀」的腦子。

再用較學術的「文話」來說：人們可以從不同的角度來理解美國的民主，也可以罵它，但是，應當知道美國的消費民主推動了整個社會的民主化。消費民主的推動者絕大多數不是美國「學在官府」系統出來的人，他們有的是小學生，有的初中剛畢業。像玻璃展示櫥窗的創意者，像定額全貨（就是我們現在常見的「兩元店」）模式的開創者，都是像「鳳姐」這類的小人物。如果不懂消費民主與社會民主的關係，稍微瞭解一下北朝鮮的情況就行了。年齡比我大的人，如一九五〇年代出生的人，想想買堿面、買紅糖都得走後門的現象，就能對比出差別。一句話，沒有消費民主，就沒有人的尊嚴。更多的人把民主看成是「敏感」政治，而我更願把它看成是精神消費。

據說，「鳳姐」去了美國，還從事了媒體工作。這不錯，她不需要像一些表面不是妓女而實際上是政治暗娼的「破鑼逼呀」們，在國內出高價地賣自己。「鳳姐」可沒「破鑼逼呀」！這是我對這位素不相識的女人的「歷史評價」。

放下這段夾敘夾議，回到我對「破鑼逼呀」回復的回復上來，我指出（十二・十，〇八：廿四）：

最後一句「全體人員」，語病很大：第一，即便在此語境下，表示絕大多數對單一個體，用「人類」就可以了；第二，既然是針對我單一個體，我就被刨除在「全體人類」之外，也就是說你不能代表我。遞進分析，你自己練練。（帖子時間省去）

「破鑼逼呀」不想就語病問題做出反省，說道（十二・十一，〇：廿五）：「全體人類」之類的小毛病不用糾纏，請正面回應。

我按著其要求，正面回應為（其中網易博客中心認為敏感的部分，現略去）：

Wang Hui抄襲案，有那麼多名學者出來袒護，你能說他是清華的臨時工嗎？清華學風好，是什麼指標來說明的，不知道。但是，清華往往樂意「被抄襲」——碩士生、博士生當槍手的，或許也是個無法計量的資料。清華許多研修班，許多人看來，或許不是官商交易的平臺，大體「看上去很美」。至於清華出來的人當了官，是否清廉，仍無法說明。但是，官員的社會形象確實不如性工作者。連語法毛病都不肯糾正的人，邏輯混亂是必然的。而最令我震驚的是清華人（可能只是你）還有臉提性工作者。

勿庸迴避，帖子往來使討論陷入了口水戰狀態，後面的相互叫板還在繼續。但是，「維清派」的面目至此卻清晰可見了——這些人以維護清華形象為要務，對任何批評清華的言論都要「駁斥」。不過，有的邏輯水平很差，有的語法知識欠缺，有的兩者兼有。最後，我要說的是，儘管「維清派」表面勢力很大，但我是不以這些人為真正對手的。討論清華進步或毛病諸問題，只有一個目的，且是公益目的：通過倒掉無形的圖騰，來促進二十一世紀的中國教育改革，促使「真正的大學」在中國出現，尤其不能產生大批給庸才當奴才的「現代人」，如「破鑼逼呀」之流的。

看官，你得這樣「看官」

如果你（A）是平民，你的某個關係人是個小官且只是大你半個月出生的，他稱你「小A呀」，表現出領導（B）對你親切的樣子，你若不做出舔痔吮瘡的狀態，他就很不高興。如果你和有點家庭背景的小官在一個單位。不幸你是平民子弟，更不幸的是你工作資歷又比年齡小而職務高的某君長一些，你的稱呼災難就來了——好一點的叫你「A哥們兒」或「A姐們兒」，更壞的情況是叫你「小A」。尤其這個「小」字，其中尤其有學問。

假定你和C熟悉，可能按風俗瞎排輩，你是個所謂長輩。見了C，千萬別「充大輩」，也不能叫C的小名。那樣就有損他的官威、官榮。如果他有職務，你最好稱呼他的職務；如果他沒職務，你最好給虛擬個職務，比如他在貿易局是小跑兒，你就叫他個「科長」或就給他按個「C局」。

當官的或在官場的都希望人們認他（她）的官，因為中國是個官本位社會，換句話說，做官是風險最低、收益最大的生意，理應受到尊重。當然，這僅僅是從經濟學或投資學的角度來講的。

因著官本位制，「先生」、「女士」這類的文雅稱呼就主動缺位了。因此，中國稱呼文明還在「喳，奴才知道了」那個層面。說狠一點，絕大多數的狗屁官員尤其是庸庸小吏那個層次的所謂官，在生物學上是人——也兩條腿走路，也說「人話」，但在社會學意義上，就不是人了，甚至連畜牲的「品行」都不及。也就是叫兩條腿走路的獸吧，或者是會說「人話」的畜牲。

現在，官們似乎察覺到被獸化的趨勢，開始堅定地「做起人來」。比方說，做錯了事情，我道歉。但是，這道歉裏面學問也大了。湖北洪湖市委宣傳部的道歉就很有分寸，他們只向新華社道歉而不向洪湖市的老百姓道歉。這是因為稅收是政府收上來，招待開支到宣傳部的手裏已經是二倒手了。這讓我想起大清朝的一句政治名言：大清天下非得自明朝，乃得自賊人。

總的來看，我們這個社會，不要命的並不可怕。那個叫錢什麼來著的，不要命，炸了人家，自己也死了。再說，你不要命，咱就拼拼，說不定我這保命的幹了你那不要命的。怕就怕不要臉的。不要臉的最可怕，比如開頭說的那三種情形都是不要臉的典型。但是，那些在我們這個社會上還大行其道。可怕不可怕!?

業務員水平的一代人、一個類型的人

我對個人恩怨，包括含有重大政治因素的，都會「一笑了之」。這不是我個人品格有多麼好的證明，而是理性算計的結果——我認為，與其說寬容是一種德性，勿甯說是精明的成本比較。

十年前，因「政治問題」導致刑名即二〇〇〇年九月判決時，我曾對同情我的官方人員說：「可以肯定的是，在我被判刑之後，你們內部也將會有高級人物因貪腐而入獄。」預言不算準，但部分實現了：在我的罪名成立之前，滄州市黨的一把手薄某（與後來的重慶市委書記薄熙來沒家族關係）被「雙規」，其後，在我將出獄時，他才到入監隊「當新兵」；在我得知國際政治干預有了一定結果即我將被提前釋放（二〇〇三年五月一日）之前，就得知程維高出了事兒（二〇〇三年一月，辭去河北省人大主任）。預言之所以不準，是因為我原來認為程維高會被判刑，小嘍囉級的薄某如何下場則無須關注。而其中程之所以不擔刑名，原因是眾人皆知的，以後的歷史書寫也會對此進行評價。但有一點是不容置疑：對程的從輕發落遠比他的窳政本身對公眾的傷害要大，套用官方話來說是「大大傷害了人民和黨的關係，降低了政府的公信力」。

既然程維高人已經死了，似乎應本著中國人「隱惡揚善」的傳統，少說人家的壞處而多講人家的好處。不過，對他那一代人、一個類型的人，還是給出些許「歷史提前量」為好。

如果人們對改革開放之初起家的那些業務員還有印象的話，不妨想想他們成功的路徑。舉凡要點是：其一，用集體（公家）的資源建立個人人脈關係，比方說鄉工廠送給國營廠廠長的二十斤香油是集體出的錢，但經手的業務員卻因此結下人脈關係；其二，為集體謀利（訂合同）之時也為自己家的廠子訂合同，甚至肥合同給自家至少是關係人的私企，而利薄的就給了公家；其三，在個人資本積累到一定的程度，甩開公家廠子，斷了公家廠子的合同，完全自家幹，再後來甚至反過來收購公家的廠子。業務員如此算計，雖然從道德上可以指責，但其資本積累過程有益於社會，也就無所謂原罪之說。就個人觀點而論，我雖不誇讚那一代人、那一類型的人，但絕不反感他們。

政治人物若按業務員的方式來處理政務，就是另外一回事兒了。然而，程維高終其一生也沒超越業務員水平。其一，他在常州的苦幹為自己積累了政治資本，相當於用公家的香油建立了自己的人脈關係；其二，他在河北引進老家勢力（如南京二建），強包強幹河北的厚利工程而不顧及由此帶來的政治危害，相當於肥合同自家幹、瘦合同公家幹；其三，其子程慕陽的不法作為積累了足夠的經濟與政治資本，如果其父不出問題，他完全在適當時機反過來收購國家權力。

不管現在人們怎樣地「隱惡揚善」，都無法繞開諸葛亮悲悲戚戚地寫給劉禪的幾句話：「親賢臣，遠小人，此先漢所以興隆也；親小人，遠賢臣，此後漢所以傾頹也。」這樣的話的當下警戒意義不是針對程維高的，因為在政治上他的業務員水平足以說明他是個「小人」而絕非「賢臣」。

如果再往遠處說，就得引《史記・屈原傳》裏話。這樣引用的背景仍然是預測，即對未來場景的描述。其曰：「然亡國破家相隨屬，而聖君治國累世不見者，其所謂忠者不忠，而所謂賢者不賢也。」當一個強大的政治利益集團背叛自己初始的諾言，又無法進行有效的調整之時，它的內部必然充滿了各分支集團的謀利性。政治人物的業務員水平也不只發生在程維高身上，早在前蘇聯覆亡前就發生了。前蘇聯更好地給屈原的「不忠不賢」之論做出了詮釋。

特權氾濫，良知麻木，行為昏悖，最終必以巨大的代價印證歷史教訓。中國人說「殷鑒不遠」，法國人說「滑鐵盧就在前面」，蘇聯人對中國人說「我們的今天就是你們的明天」。此三說者，前兩者充滿悲戚，唯最後一條是上世紀五十年代令中國人興奮的語句，中國人「譯」過來的說法是——蘇聯老大哥的今天，就是我們的明天。時過境遷，中國經過業務員水平一代人、一個類型的人的政治糟蹋，現在政治人物們是以何種心情對待「今天」與「明天」的關係呢?!

李從軍的「鞋說」，克宮之學的「經典」

新華社社長李從軍在聯合國開發計畫署網站發表文章，聲稱要積極推進全球貧困狀況的改變。這個立意與表達值得讚賞！

就貧困問題，李先生談了個人感受，尤其以自己少年時代無鞋可穿以至於擁有鞋子是個夢想為論據，感人至深。在文章的最後，他說：「我期待，更多的貧困兒童會像我小時候做的夢那樣，穿上一雙新鞋。」作為高官，他寫的文章才情並茂，在中國這個環境下，是十分難得的。然而，在中國存在著比經濟貧困更可怕的貧困，那就是新聞裏少有真相，即便有些真實含義，也要靠非常專業的實力去解析。中國有多少人能夠具有解析水平，是個特大的疑問。因此，就形成了多數人無知、少數人無恥，可能可恥的少數人也無知——那種本質狀況。

童年缺乏鞋子，而今鞋子成為吉芬品的李先生就是製造新聞貧困的高手。他是中國數個製造資訊過濾、遮罩、曲解的謊言機構之一的謊言工廠的負責人之一。他領導的機構，能夠痛批某個現象，但又不介紹現象背後的細節；他領導的機構，能夠把傷透人心的悲劇描繪成領導關切的感人大會，此為給社會製造資訊貧困的重要手段之一。

在當今世界裏，貧困，經濟貧困，固然是應當努力消除的全球現象，但是，人們似乎還沒發現這麼兩點：第一，個人的生活質量由所掌握的資訊質量決定，也由把握資訊的能力來決定資訊質量；第二，開放的社會是資訊盡可能充分供給的社會，過濾、遮罩、扭曲所製造出來的不僅僅是個人生活質量的降低，還會製造出一個思想貧困的社會，即導致一個多數人無知、少數人無恥兼或也無知的醜陋國度。李先生的機構之作為與個人的個性之表達顯然是存在嚴重衝突的，以至於像我這樣有專業分析能力的人，也不得不煞費苦心來綜合、對比與之相關的資訊、作為一種固化資訊存在的文獻。對比的結果是，這個狀況首先符合菲律賓前總統馬科斯夫人的「鞋狀況」。那個奢侈、輕浮的貴婦人有三千雙鞋子，而她的出身絕非貴族。她是貧困家庭出來的成功人士，儘管她的初期境遇看起來要比李先生的初期境遇好多了。

馬科斯夫人的鞋，三千雙，只是製造英文新辭彙「輕浮（揮霍）」的來源；李先生的「鞋說」具有同樣的輕浮，不過，這種輕浮具有比前者更深刻的政治學背景。那種政治學背景可用「克里姆林宮學」來簡要地描述。這是一個連不少政治學者也可能生疏的辭彙，正如新聞學人裏面有不少人可能不知道imeldific源於馬科斯夫人一樣。

為了適合中國語境，我將「克里姆林宮學」一詞給簡化成「克宮之學」。有興趣的讀者可以在專業辭典上翻檢原詞，也可以試著在網上搜索。我要補充的是，該詞在中國特色下或以後的發展中，應當把李從軍的「鞋說」及其背景納入其中，比如，一邊才情並茂地關注國際問題，一邊製造比國際問題更為嚴重的國內問題。

如此來演繹，若無「過度詮釋」之嫌的話，那就得把少數人的無恥兼或無知也補充為中國版「克宮之學」的新內容。或許我們應該叫中國版的「克宮之學」為「中南海學」，簡化稱之亦可謂「海之學」。因為北京官場上有用「海裏」代表中南海的習慣，比如「去海裏見人」或「海裏的人叫咱去」，等等。

性罰的正當性問題

——「打飛機」服務為什麼不應入罪？

基督教新約裏有個十分著名的故事：一名婦女因婚外情被查獲，按猶太教規即律法該亂石打死，而當人們問到宗教改革家、木匠耶穌如何對待這個問題時，後者說「覺得自己沒罪的就動手吧」；按著猶太教義，人在上帝面前都是有罪的，於是，原罪論救了因婚外情險些被處死的婦女。

這個故事的另一面存在巨大缺憾：即便處罰，亂石打死婦女，為什麼不打死和她做愛的男人吶？拿到現在來說，不管法律多麼寬鬆，你只處罰賣官的而不處罰買官的，實在沒什麼意義。這涉及到罰與法的正當性問題。多說的是，在這個視角下，賣官與賣淫沒有本質區別；買官與嫖娼一樣，也是非正當交易的一部分。

那麼，對性的違戒性處罰究竟是怎樣產生的呢？

我想，第一個是政府權力能夠為特殊利益集團帶來收入。最初，賣淫不是以經濟收入為目的的，而是一種信仰行為。貧窮但虔誠的婦女沒有向寺廟貢獻錢財的能力，她們就把身體臨時借給僧侶，頂抵她們認為應繳納的那部分錢財。此種行為稱為「宗教賣淫」。後來，政治家們把這個機制挪到社會上來，為戰爭籌集經費。但是，那個改革行為是排他的，不允許民間經營的，或曰民間領不到經營許可。作為第二特徵的排他性就是政府壟斷，有人觸犯壟斷利益，政府當然會進行處罰。

以上的情況帶來了兩個問題：第一，政府介入性貿易市場後，寺廟裏還殘存著博取性服務的意識，到這時，宗教領域的性行為就不僅僅是醜聞了，而且還犯法。有些特殊宗教採取了性自由的教規而無視外界的批評或者憤怒。此當為宗教賣淫的遺傳與變形。第二，當民間取得經營許可之後，這個行業雖然不道德、不名譽，但衍生問題是氾濫的性行為可能導致生育率的下降。在宗教戒律中，反對所謂不道德的性行為，其實也是為了保護生育機能。因此，才有只懲罰「土地」而不懲罰「種子」（男性）的偏頗之規定。因為一旦土地壞了，再好的種子也是無益的。

性病的傳播導致生育率的下降，因此，到目前為止，性罰的基本依據還是生育這個公共利益。另一個不太重要的因素則淡化了許多，那就是非婚性行為可能導致家族血統的不純潔。避孕措施的改進使得這兩個問題的重要性都極大地下降了。邏輯地說，避孕以及防止性病傳播的技術性進步，使得性罰實際上缺乏了歷史正當性，或者說，舊的歷史條件已經消失，新的現實能給人帶來更大的快樂。

性罰，是個非常複雜的經濟學問題，它需要統治者有精明的歷史反省態度，有卓爾不群的哲學思辨能力。可惜，這些在道德生產職能高度淡化、吃飯就業壓力高度提升的政府管理體系中，幾乎不可能。問題仍然是：人們即便認可「精明的傻瓜」們統治我們的社會，另一方面則以自行設定的博弈程序來謀取看似不正當的性貿易收益。但是，法學理論家們還是非常之謹慎的。他們傾向於

「性賄賂不入罪」，因為它難以計量，又容易涉及到與賄賂無關的人如妓女的隱私。這樣，我們可以對貪官享受性賄賂表示氣憤，但你不能將性賄賂直接計算為性罰。微妙的是，公眾情緒越來越成為案件裁量的權重因素。所以說，性賄賂在一定意義上還是成為刑罰的對象，但是，這裏面隱藏一些人的私密項目。比如，公開報導說某某貪官有情婦也嫖娼，報導可以涉及情婦的姓名，但沒必要涉及妓女的姓名。

現在（二〇一一年），又有一個非常危險的趨勢出現，說是提供手淫（俗稱「打飛機」）服務也會被處罰。這很荒唐！無論回溯生育因素還是考慮血統純正問題，手淫都不會形成負面因素，只是會對喜歡此行為的人造成可能的健康危害。健康危害究竟有多大不好說，科學沒給出計量。不過，它總比吸煙的危害要小得多。

懲罰提供手淫的服務，看起來有利於道德提升，實際上做了一件極其不道德的事情。性罰在整體上已經缺乏了正當性，那麼再去懲罰性違規裏面的小細節，只能說明權力膨脹是社會病態的反應。不是嗎?有人曾氣憤地說：「允許貪官包三奶，就不允許百姓嫖娼了?!」

不是有人允許貪官包三奶而是他們有自由度更大的性選擇，而不必負擔明顯的性罰成本，除非貪賄問題暴露了。不是百姓的嫖娼不存在被允許的可能，關鍵的問題是整個法制的基礎很壞，基本就是個法律可以賣淫的體系。僅僅從市場份額的角度看，法律具有賣淫功能，它傾向於排除其他競爭者，儘管不可能完全擠掉。

政府永遠不會比市場聰明

古典以後的經濟學理論認為市場的自發性太強，因此它的自我調節功能會出現力不從心的狀況。於是，就需要政府來彌補市場失效，進行所謂的宏觀調控，而政府不能對市場進行有效調控的情況，稱之為政府失效。

然而，試圖搭配市場與政府功能，在最低限度下保證一方有效的設想，往往是極端情況。也就是說，人們即便認可了宏觀調控那種東西，仍有兩個十分嚴肅的問題擺在面前：第一，政府能在微觀調控上做什麼？或者說，微觀調控是否存在？第二，政府是否應當內化於市場？或者說，它是否願意接受這種內化？

如果這兩個問題能夠得到正面回應，那麼，就會出現這麼一個邏輯結果——政府永遠不會比市場聰明！

一般情況下，政府不願接受自己內化於市場的事實，往往又因此遭到沉痛的教訓。中國的樓市兩難與春運不暢之頑固是最好的說明。至此，問題實際上已經有了答案：政府在市場裏面總是很愚蠢的。比方說，你讓百分之三十的農民工取得城市居民的資格，他就有一半以上的人不再重複回家過年的舊生活模式。春運至少減少了三四成的巨大，它能不舒緩嗎?!農民工獲得城市居民資格才是真正城市化的一部分，也是市場新動能之所在。

市場的功能是成千萬、成億人的意願之綜合，它總比政府裏面有權決定經濟政策的極少數人要聰明。樓市虛漲，人們不買，導致整個內需乏力，政府就得被動地調與控。調與控，沒有任何一次、一項是主動的，全球各國均一樣。也正是政府有效是被動於市場的，才恰好證明政府應內化於市場。

至此，上面的兩個問題，我們等於弄清了半個。

在中國，尤其在調控權能者已經完全利益集團化的條件，你不能指望政府願意內化於市場！從理論上講，既然政府本質上是內化於市場的，它完全可做出微觀調控。比方說，就算不解決農民工的城市居民資格（且配套買廉價房子或租給他們低租金的房子），那麼，仍然能解決頑固的春運問題：

第一，為給廉價的火車運輸減輕壓力，要壓低春運期間的長途汽車運費（價）。然而，不幸的是，在春運期間，汽運方面是按市場需求上漲而漲價的。對此，政府不但不調控，反而還允許汽運價格上漲。僅評這一點，就說明政府是不知道微觀調控為何物。

第二，將市內運力轉化為中途（假設三百公里）運力，將中途運力轉化為長途運力（假設七百公里）。這樣做一點不難，有「奧運精神」即舉國體制勁頭兒的百分之三十足夠了。而政府不作為說明了什麼呢？說明它更關心的是自己的對外形象。對內嘛，馬馬虎虎。本質是，政府不會拿農民工當「人」（標準的國民）來看待。

第三，中長途汽運能形成鏈條以及必須保低價，需要政府的補貼。比方說，給這個期間的汽車油價補貼，以及配備大量的流動加油站，等等。

偏重於自己花錢享受（比如「三公」支出）的政府沒心思進行如此之類的微觀調控，它的真功夫幾乎就是做什麼樣的大標語以及將標語貼在什麼位置上。市場給了政府幾乎是無窮無盡的機會，然而政府像個被慣壞的小痞子，在肆意地傷害市場。

我是通過對市場的細緻觀察，才有一些發現。這些發現很重要，但沒什麼「革命性」的意義，更多的情況之解決只是政府舉手之勞的事兒。建立一個汽運鏈條的經濟學原理一點兒也不複雜，就是經濟學中的替代原理與互補原理的交叉。至於說到真宏觀的東西，讓至少百分之三十農民工在城市擁有廉價（租）房子，也不會給政府帶來多大的財政壓力。相反，由於大量城市化的農民工有了城市裏的房子，他們就會積極消費了，內需也自然被拉動了一大部分。以政府財政的適當投入來啟動農民工內需，遠比胡亂建高鐵與開工豪華辦公建築要好得多！

這裏面的經濟學原理也不複雜，而說到案例，就是上世紀（時間不確切）的福特汽車製造公司給工人漲工資的事情。福特的設想是：工資漲了以後，其他公司會效仿，結果有些錢的家庭會主動買汽車，於是，福特汽車就暢銷起來。

一個龐大的政府遠不如一個大公司更聰明，這真是個「大國悲劇」。所以，中國根本不曾崛起而只有坐下。坐下，極少數的決策者煞有介事地坐下來開個什麼經濟會、金融會，會議的結果是決策離現實更遠！由於這樣的更遠，還需要不斷地嚴肅地坐下。換句話說，只要普羅大眾從電視上看到極少數決策者們老是坐下，那麼，中國的希望就越來越渺茫！

難道知識份子就可因「御用」而喪失了獨立的良知、自由的思考？不管有多大的「歷史局限性」，作為一個個體，良知的基本概念是通用的！活著的知識份子沒必要把虛假的寬容作為祭禮來模糊先人之「惡」。因為這不僅僅是對死者的真正侮辱，而且還是對良知與自由的褻瀆！

公平何以在信仰之上？

——《信仰的力量》一書讀後

引言：兩種宗法的矛盾

「子弒其父」的行為是算不上大義滅親的，只不過是大利滅親罷了。因為，政治內難之際，聰明的兒子與作為少數人的父親劃清界線，意味著自己成為多數群體的一員，有機會獲得更大的利益。大陸「文革」時期，劃清界限的行為比比皆是，可以稱為一種政治現象。

在宗法文化環境裏，父滅其子更能體現「大義滅親」，雖說最後也歸為利而很少是信仰的原因。因為「兒子」是宗法體系裏的兒子，具有宗法傳遞的工具性。滅掉了「兒子」等於有虧於宗法。在權衡家庭宗法與國家宗法之時，「義」就明顯地表現為對「多數」的擁護。

一、王莽兩次滅子的歷史故事

在更深的歷史背景裏看，如果說孔子是總結並宣傳周朝宗法的理論奠基人，那麼，王莽則是周制的身體力行者。譯成現代語，前者為設計師，後者是建築師。設計師畫出了圖紙，建築師去填磚灌沙。我無意評論王莽之政的成敗因由——是把他列為大改革家呢？還是狡猾的僭偽者？以致於是一個精神病患者？等等。王莽在其短暫的攝政與在位期間裏，先後兩次滅子。可謂「大義滅親」的「典範」了。

漢孝平帝元始三年（西元三年），王莽的長子不同意王莽打擊平帝舅族衛氏的政策，與王莽發生了政治分歧。王宇便與老師吳章、妻兄呂寬合謀，利用王莽信鬼神的心理，往王莽門上灑血，然後再依此來勸王莽。不料，呂寬灑血後，被門吏發現。自然，也引出了王宇。王宇被投入監獄，王莽勒令其喝毒酒自盡。

大義滅親，其「義」在建立新王朝。西元九年，新朝建立。事情似乎並沒就此結束。王莽妻子死的那年（地皇二年，西元二一年），太子王臨密謀殺害王莽，事覺，自殺。王臨比王宇要果敢多了，或許是懼於十七年前父親的「大義滅親」，自己練一把「大義」。不幸的是，王臨沒有成為「大義」的英雄，反而成了「滅父」的「壞蛋」。

無論如何，王莽殺子是在儒家「父叫子亡」的邏輯中進行。「殺子」是為了義，可算無懈可擊了。前有漢武之逼反劉據，後有隋文為楊勇種下死亡的種子。之於王莽，漢武、隋文被後人稱為明君，況且他們又沒有直接殺死自己的兒子呢。不過，在「殺子」文化長河中，這只是由於他們的歷史地位和個人權勢，才使事件成為典型或後世的記憶。相對的，倒是百姓中的潛規則對皇族貴勳的殺子的高層次文化，存在一個校正。他們說「虎毒不食子」。不知老虎的這種習性是否真的存在，但是百姓對人倫所寄託的人性、良知，遠要好於貴族社會（階層）。

子弒其父，源於大利；父殺其子，源於大義。然而，這個「大義」是經不起推敲的，在虛偽的「義」之下，還有不能放棄的利益即權力願望。一方將不確定性的贈予（傳位）作為激勵機制，鼓勵後者盡心盡力；另一方懼怕不確定性的變化，在偽裝的積極背後，終於守不住所謂的底線，展開「搶班奪權」的謀殺。在這個博弈的過程中，「義」不過是一種話語表達方式；一旦不能順利表達，便會變化面目。王宇（指使）灑血，不是為了一種新的「義」的解說開始嗎？

二、自由與良知永遠是一體的

解放思想運動的時代，有一句名言，叫「肅清封建主義流毒」。觀今日之弔父慰先的之風，更深深顫慄於封建主義流毒的「子為父隱，廣義化為「為尊者諱」的傳統。對比於個體反省的意義，集體無良知還是確立於「隱」與「諱」的基礎上。在大唱復興儒學或造就新儒的同時，它必然為「殺子」文化提供新的合法性基礎。同時，多數人的暴政也將以「歷史的必然」傳承下去。

看看對周楊先生的原諒，難道作為知識份子就可以得到後人的一種追贈的寬容嗎？難道知識份子就可因「御用」而喪失了獨立的良知、自由的思考？不管有多大的「歷史局限性」作為一個個體，良知的基本概念是通用的！活著的知識份子沒必要把虛假的寬容作為祭禮來模糊先人之「惡」。因為這不僅僅是對死者的真正侮辱，而且還是對良知與自由的褻瀆！阿克頓說過：「自由的興盛是伴隨良知而來的。兩者之中，只要有一方衰敗就必然導致另一方的衰敗。」寫作此文時，尚不知此話出於阿克頓何種著作或演講，只是從英國作家斯邁爾斯的《法蘭西的胡格諾教徒》一書漢譯本封面看到的。（余星、李柏光譯，漢譯名為《信仰的力量》；北京圖書館出版社，二〇〇一。）

說來巧合，我是在監獄裏讀完該書的，而到出獄後，在一次信仰聚會活動中，我與譯者之一的李柏光先生見面，他簽名送我一本二〇〇五年版的該書。當然，一本好書不是靠書評就能被公眾認可的，還要靠其本身的思想性來贏得尊重。此者如米瑟斯的《自由繁榮的國度》與哈耶克《通向奴役之路》，無疑是把阿克頓的自由與良知一體化既為學術準則又為立言的道德基礎的。之於現實世界，不能忽略的由歷史提供的前提是，胡格諾教徒們用自己的良知解放了自己，並建立起後來為阿克頓所總結的自由與良知的平衡關係。於此，我進一步地理解了「上帝救自救的人」的深刻含義！

父子相殘作為龐大歷史中的可記述之事，盡可讓小說家們演義。但是，一旦我們從人類良知的角度去理解它，它便是人類尚未擺脫獸性的一個證明。這樣，少數人便不幸地成為多數人的暴政的犧牲品。一個做父親的人因是「右派」而必為「少數」，在被百分之九十五（或九十九）以上的「好人」打倒的同時，他的兒子很可能會趨向於大多數，因為可憐的年輕人還談不上有信仰，他惑於假先知們的欺騙本是一種社會邏輯。從法國史上看，十六世紀八十年代對少數即胡格諾的迫害，到一百年後的大革命中對一百年前的「代表多數」的而於時已轉化為少數的暴力（無理可講的宣判、絞刑）等等，無一不令人心靈震撼。儘管《人權宣言》是現代政治文明開始的標誌，但在個人的閱讀記憶裏仍無法將胡格諾的歷史輕輕帶過。

三、深度壓迫社會裏的革命邏輯

人類之不幸如此，能不令智者深深反省?!我們這個災難深重的文化共同體與西方著力一拼現代化進程之時，卻不幸地將「胡格諾迫害」的悲劇翻版了數次。從一六八五年到一九九九年，這三百餘年，沒有一個中國人引以為戒嗎？即便是以一八七四年斯邁爾斯出版《胡格諾教徒在法蘭西》一書為時間參照，到至少還有言論自由、黨派鬥爭的二十世紀四十年代以前，難道就沒有一位西學功底深厚的大師注意過這一歷史事件的教訓？畢竟它影響了法國的歷史，波及到大革命，脈連到《人權宣言》。

如果「史實」並非如此，又有誰有權利可以拒絕西化呢？唯一的問題就是西化得還不夠！

在細細閱讀《信仰的力量》之後，我最深的感觸就是：不唯上層如梅特農夫人（後為路易十四之妻）、諾阿耶公爵對廢除南特敕令（復辟對新教教徒的迫害政策）高興——這種高興源於對胡格諾教徒迫害而產生的權力快感，而且社會下層也願意在受壓抑的生活之外獲得刺激。內亂性的革命對下層社會是有利的，所以，下層社會企盼秩序的混亂。打破現有秩序的內亂型革命更會給潛在的草莽英雄以「成龍」的機會。斯邁爾斯的敘述（歷史考察）著重說明了這點：「廢除南特赦令也受到下層階級的歡迎，他們四處出擊，大肆洗劫和摧毀新教徒的教堂。他們也跟蹤胡格諾教徒和他們的牧師，以便弄到他們逃避或違反廢除法令的證據，然後把他抓起來，這樣，他們就能受到天主教教會的稱讚和國王的獎金，這獎金是被拘捕的胡格諾教徒被沒收的財產。」

多數人的暴政，由於底層社會的被動員而顯得勢不可擋。底層社會學會了革命的方法，收到了革命的益處，以至於成為法國教育的一個收穫。底層社會毫無疑問地在耶穌會教士獨佔教育（這一國家權力）的形成中起了重要作用。然而，物極必反，斯邁爾斯說到：「在一七九三年，為他們所教導的人民，也以一個世紀對待胡格諾教徒的完全相同的方法，來對待國王、耶穌會教士、神父和貴族們。」

結語：僅有寬容是不夠的

斯邁爾斯的書中提到了伏爾泰。通過伏爾泰為受迫害者的正義伸張，告知人們人類良知的重要性。伏爾泰雖然先前也屬於多數人（反對新教），但在他認清了迫害的本質後，對兩個著名的案例予以推翻。伏爾泰總結道：「僅僅證明不寬容是可怕的，這還不夠；我們還要向法國人證明它是可笑的。」

在伏爾泰發出了關乎集體良知的反省言論之後，一七八九年，國民公會代表聖艾蒂安說：「我們所要求的不是寬容而是自由。寬容！忍耐！寬恕！仁慈！這些字眼，本身就是對新教徒的最大歧視。如果我們還承認信仰的不同、意見的不同並非什麼罪過的話，什麼寬容！我要求禁止寬容這樣的說法：它實際上把我們看作了需要同情憐憫的公民，看作了被饒恕的罪犯。」

親情與信仰能否平衡——《信仰的力量》一書讀後（續）

引言：親情的普世意義

就公平與寬容的關係進行初步討論之後，我覺得言猶未盡，轉而借助親情與信仰關係的思辨進一步探討。當然地，這撇開了滅親問題上的義利分析，而把親情與信仰作為正相關的因素來考察。這兩個因素並不簡單，足以影響一個人或一個家庭的聲譽及其成員的命運。相形之下，那些虛偽的「大義滅親」或可悲尤其可恥的殺子文化就不足再論了，它已經成為人性與良知的反動。

親情，不惟在儒家宗法體制中有著不可替代的作用，以至於它可將整個社會的管理納入模擬血緣化圖式中；西方新教倫理的現實生活同樣重視親情，儘管父子在信仰面前是平等的。《信仰的力量》一書中有一個非常了不起的人物，名叫安托尼·庫爾。庫爾從不到十八歲起，就發誓將生命獻給信仰。從他在「每一塊石頭都濺有胡格諾教徒的血」的尼姆市附近採石場舉行信仰會議的一七一五年八月二十一日（這年，路易十四去世），到一七二九年由於健康原因離開法國去瑞士日內瓦，十四年的歷程，僥倖沒死於「國王的宗教」的迫害。但沒有人對他的離開指為對信仰不虔誠。此中，庫爾去日內瓦的另一個重要原因是，他的家人（妻子和三個孩子）早些時候去了日內瓦，他盼著與他們的團圓。

一、由魯塞爾想到中國的范滂

庫爾之後，相對於庫爾還有卡瓦利埃那樣的大英雄，名聲要小得多的傳教士亞歷山大・魯塞爾，官方稱只要他放棄信仰並成為天主教徒，便可獲得可觀的賞金。另一端便是死亡。魯塞爾毫不猶豫地選擇了後者。後來，庫爾去撫慰魯塞爾的母親，母親的回答是：「如果我的孩子這次放棄了，那會給我最大的痛苦；現在，他能夠寧死不屈，我衷心地感謝主給了他力量，讓他盡好這最後的職責。」在信仰與親情之間，魯塞爾和他的母親選擇了信仰。這足令人類的良知閃光，也證明人類還是可救藥的物種。

歷史由一七二九年倒轉至西元一六九年，東漢黨錮名人范滂從容自首，引出一段「子死而母歡其義」的信仰與親情抉擇的故事：汝南郡督郵吳導接到逮捕范滂的詔令，來到范滂所居的征羌縣，他實在不願迫害這位高風亮節的名士，在傳舍（政府招待所）伏床而泣；范滂得知，主動自首；縣令郭揖為了保護范滂，想棄官與范出逃，遭范拒絕；范滂臨刑前惦記母親，辭別說：「二弟孝敬，可養您老人家，希望您老人家別為我死而增添悲戚！」范母回答兒子道：「汝今與得李、杜齊名，死亦何恨！既有令名，復求壽考，可兼得乎？」這年，范滂三十三歲。這是西元二世紀中國悲愴歷史劇的一個細節，是知識份子人格總體淪陷前的一個細節。其後的知識份子的歷史似乎沒什麼意義了。

東漢末期的政治腐敗是治學必讀史的後世儒家所熟知的。十七世紀末、十八世紀初，法國的政治腐敗幾乎是東漢腐敗的複製體，甚至說有過之而無不及。斯邁爾斯在書中抨擊路易十四和路易十五道：「絕非什麼品行高尚、信仰虔敬之輩，兩人都沉緬於女色」，「這激起了公眾極大的不滿，儘管那個時代的人們普遍道德水準並不是很高」。只有胡格諾教徒在整個民族越來越腐化越墮落之時，恪守著誠實，為偉大的信念而獻身。

二、法布林，從被「勞教」到禁劇主人公

成就安托尼・庫爾之偉大的先決條件是不認可「國王的宗教」。與庫爾一樣，許多不認可「國王的宗教」的人用生命寫就了自己並不偉大但足令後世讚歎的心靈歷史。一七五六年一月一日，一位年老的胡格諾教徒因不能迅速逃離聚會現場而讓國王的士兵抓獲，老人的命運將是被拉到艦船上服苦役。這類似於今日中國實行的勞教。

在艦船上服苦役教徒的殘狀令人毛骨悚然：無論冬夏，他們赤身划槳，只有一塊紅布遮住下身，因為鐐銬使他無法穿衣服；胡格諾槳手的腳被鏈子固定在椅子上，除非去看病或者進墳墓，不用想離開椅子。老人若去艦船上服「勞教」，就等於與死神握了手。他的兒子讓・法布林（一個年輕的綢緞商）本來已逃到安全的地方，看到父親被執，奮不顧身地衝回去，要求自己去頂父親。「最初，面對這位奇怪的替身，帶隊軍官仍一口回絕；可是他禁不住這位兒子的苦苦哀求和眼淚，最終還是把老人放走，由法布林頂替。」

法布林在軍艦上經歷了所有該受的殘酷虐待，好在六年之後他的故事傳到為人正直的海軍大臣（在路易王朝裏這是少見的）舒瓦瑟爾公爵耳朵裏，出於同情，也由法布林親朋的努力，他被准假離開軍艦，並與他心愛的姑娘結了婚。法布林的故事被寫成詩劇，名為《誠實的罪犯》，但這個劇目被禁止在公共場合演出。在另一端，也有人不屑當局禁令，「伏爾泰在自己居住的費內，瑪麗・安托瓦內特王后在凡爾賽都把它搬上舞臺。它首次在巴黎的劇院公演是一七八九年，獲得了極大的成功」。

人性，以及對基本人性的認同，超乎了宗教信仰的分歧（——要知道伏爾泰對「國王的宗教」和新教都無好感），戰勝了消滅人性、自由、良知的「國王的宗教」的「神性」。法布林保全了信仰，保全了親情，成為法國大革命以前最美妙的關於人性的真實神話。所以，他的名字同魯塞爾（還有魯塞爾的母親）、范滂（也有他的母親）一樣，應當寫在人類良知的歷史上。

三、基尼翁，罪惡或者歷史「幸運」

歷史仍須回溯，讓一位中國古代小女子的名字與他們同列一起。西元前一六七年，西漢孝文帝時，齊國的太倉令淳於意犯了罪，應處肉刑。他的小女兒緹縈上書文帝稱：「死者不可複生，刑者不可複屬，雖欲改過自新，其道無由。願沒入為官婢，以贖父刑罪。」劉恒受到了感動，下令廢除了肉刑，用其他刑罰代之。整個事件在中國法制史上有著重要的意義。歷史過遠，捲入輕煙細簾，但人性卻永遠存在。緹縈沒能改寫歷史，卻使一代人受其恩惠。

在胡格諾教徒遭受迫害的歷史中，信仰與親情的奏鳴曲不只是由魯塞爾（及其母親）、法布林演奏，正象中國的弒父殺子文化不能因緹縈、范滂（及其母親）的傑出表現來改寫一樣。一個可恥的人物，叫吉尼翁，再次向人們展示了人性中固有的醜惡的一面，但善良的人們也為信仰而不是為親情的抉擇捍衛了人類基本良知。

路易十四瘋狂的政治迫害導致了內戰，卡瓦利埃因以暴抗暴而聞名。一七〇三年四月二十九日，他的隊伍遭到一個貌似虔誠的磨房主吉尼翁的出賣，險些全軍覆沒。吉尼翁不顧兩個兒子在起義部隊中的事實，為了五十金幣向政府告密，隨後發生了激戰，三百名起義戰士「在熊熊火焰中高唱著讚美詩，直到最終倒下」。吉尼翁的罪行最後暴露了，人們從他身上找到的金幣便是證據。「吉尼翁表示自己追悔莫及，懇求教友們的饒恕他，最後一刻他還希望擁抱他的兩個身為卡米撒（起義組織）戰士的兒子。但這兩個年輕人都予以拒絕，以示對他的厭惡；他們在一旁，神情悲痛而嚴肅，注視著對叛徒的處決」。

如此殘酷的場面，如果不是有書在案，聽起來我會以為是法國大革命時期的一個細節！人啊，一旦獸性戰勝了人性，還有什麼「虎毒不食子」呢?!而血緣所代表的親情一旦被獸性所吞沒，必定留下後世的創傷。我能理解吉尼翁的兩個兒子的拒絕舉動，特別是他悲痛的神情。出賣良知換取利益用不著辯護。我不知道吉尼翁的孫子們會否去「隱惡揚善」地去改寫家史，如果是，他們無疑出現了隔代遺傳的特徵。這只是我近乎「惡毒」的猜測。實際上，吉尼翁絲毫不重要，要不是自己的出賣行為，幾乎進入不了史家的視野。

結語：一個較為主觀的猜測

出賣良知若是得到原來敵人的接納或取得榮耀的地位，尚可有一個「公平交易」的感覺。但，在大多數情況，出賣良知者的結果不只是「尷尬人生」幾字可概括的，它是永遠的恥辱。斯邁爾斯在書中寫道：當朱達斯這個出賣了布魯遜的奸細到奧伯倫省的監督官貝隆先生面前，要求領取獎賞時，貝隆先生怒斥道：「天哪，難道你在看到這個被你用他的鮮血做交易的男人時不臉紅嗎？趕快滾開！我不能容忍你的存在！」

我可以猜測到：一八七三年斯邁爾斯完成此書時，雖然已遠離一七八七年迫害結束近一百年了，但他的情緒仍在激動中。他的書或許有「春秋筆法」之嫌。他在書中提到許多人的後代，比如保羅・拉博之子拉博・聖艾蒂安——那位怒斥「寬容」的聖艾蒂安，但未曾見到關於朱達斯的後代的介紹。朱達斯的後代是否寫了關於朱達斯「尷尬人生」的曲筆文章，我也沒見到。這可能是由於我的激動而致的疏忽，也可能是由於我的淺薄而致的少見。

＊二〇一二年十二月二十三日下午，根據獄中讀書筆記「在親情與信仰之間」壓縮改寫。當時的參考資料尚有《讀書》雜誌二〇〇〇年第十一期之文章「四十年前的歷史敘述」（作者：錢理群）。

為流亡者的思想描點

——蔡楚詩選《別夢成灰》淺讀

小引：個性，野花的自喻

蔡楚先生是浙江人入川的「產物」，一半川人的耿耿剛烈，一半浙人的柔軟委婉。是什麼將兩種不同的文化基因鍛壓在一起呢？是命運，是複雜的人生閱歷。蔡楚自喻為「野花」是再貼切不過了，你再俏麗，也脫不了「野」的天然身份；你再狂野，也脫不了花的外型。

通過對蔡楚詩的閱讀與其經歷的想像，我更確信：只有詩和哲學這兩種學問才是屬於超然物外的，至於我賴以成名的經濟學仍然是「沉沉阿堵」。

一、思想桑拿：被想像的鍛壓之路

怎麼想像蔡楚的經歷？他的簡介中的窯工的經歷能夠喚醒我少年的記憶。我有少年時代看過窯工在夏日的工作：磚窯雖然已經算是冷卻，但拆封之後的窯裏傳出強烈的焦土味，更厲害的是比經常目測到的大地熱流強烈若干倍的熱氣流，向外湧著；窯工們穿著馬甲狀的上衣，手戴破爛不堪的帆布手套，架著板車進去，出來時汗水已經透徹身體每一個部位，尤其帆布手套上的磚灰在窯工出來的那一刻就會被汗水「吻」了。可惜，汗水終於無法吞沒強大的磚灰，被阻攔、被包圍。在窯工們碼起的磚垛邊，一塊陰涼的地方，放著一大白瓷桶涼白開水沖兌的十滴水，濃濃的藥味吸引了我們那群鄉村的孩子。

「喝一口不？」一個窯工把舀子送到我臉前。

「啪，」我吐了，「馬尿！」

那年代，我們那地方雖然貧瘠，但幾乎沒人去幹這窯工這種要命的苦力。幹那活的不是山東人就是四川人，而且四川人居多。一直到十年前，我們那地方的人還看不起四川人：女的被人買來當老婆，男人沒能耐，幹出窯的苦力。偏見，隨著自由的流動消失了。村裏再也沒人買來一個四川媳婦，村西邊高聳磚窯煙囪雖然沒拆，但地皮早為鑄造廠主所買。

蔡楚不太可能來我們村西的磚窯，但是遞給我一舀子「馬尿」的那個四川漢子肯定是無數個「窯工蔡楚」之一。換言之，我似乎在命運中早和蔡楚相見了。不同於那些已經遠離我們家鄉土地的四川窯工們，蔡楚經過思想的桑拿，變成了詩人。如果我們要真切的體驗異國他鄉的桑拿而不是「高等浴池」的那種，那麼夏天的磚窯就是最好的場景。至少對於我，每到寫作極乏之時，一個人到有桑拿的浴池休息時，只要進桑拿房，我肯定會想到少年時代的磚窯所見。

二、不自覺的矛盾體：變化的伏筆

蔡楚的詩何以選得如此「精瘦」，我沒問他本人，也沒問寄給我兩本樣書的張祖樺老兄。經費不夠？可以肯定地說，在詩已喪亡的大陸，出版個人詩集，是無法實現銷售的，儘管上面標著絕對不高的定價。政治標準？畢竟是在大陸出版的，還是牌子比較硬的中國文聯出版社，肯定要刪去大部分有「政治傾向」的作品。不管怎麼說，詩集能在大陸出了，就是一個好事。畢竟蔡楚是四川出現的草根詩人集體的一員，如同黃翔一樣，是中國當代文學無法繞開的一個標誌。

讀著蔡楚的詩，我們也能為他的思想描點，比如說一九八〇年代初，他既有對政治的不滿，又有民族主義感情的自然流露。前者指《禮拜堂內》（頁廿七），後者指《古長城》（頁三十）。《禮拜堂內》寫道：

上帝保佑華主席，阿門
因為華主席解放了宗教
一位白髮蒼蒼的牧師
這樣閉目祈禱
牧師的雙手向前伸向教友
彷彿要把背負的十字架扔掉
我的心因醒悟而痛苦——主啊
在中國你仍是人的發明創造

很明顯，詩人對宗教的被迫政治化表示不滿乃至輕蔑。在中國，「上帝」是因為國家政治的需要而被「保外就醫」的，絕不是被還了自由之身。至今仍是。不過，「上帝」被人創造一直是一個深奧的哲學話題，從荷蘭的斯賓諾莎到德國的康德，都曾十分認真地討論過這樣的問題。詩人蔡楚沒有涉足哲學，相反，正如他的川剛浙柔被命運鍛壓在一起一樣，到二十世紀八十年代，他的政治情愫更多地與民族主義情緒相混雜。《古長城》寫道：

記憶中你是祖國的屏障，
現實裏你像民族的脊樑。
雨蛀風蝕、燕去燕來，
記錄下王朝幾番興亡？
我明白春天不能長駐——
從你破損的樓臺上，
識別跋涉者的腳跡，
創業者留下的亙古斷想。

民族主義情緒必然以高舉歷史為要務，但是，長城在被圖騰化的背後卻是難以理喻的愚蠢。且不說當時功業未得傳諸萬世，僅就「坑灰未冷山東亂」之內亂，足以說明內部統治的腐敗遠比外敵入侵更能促使政權滅亡，導致社會整體崩盤。兩千多年之後，在德國，政治長城柏林牆的倒掉再一次說明了這一點。之於蔡楚二十八年前的古長城之思，我今日則說：

留下千古不去胡月，
讓它輝映雉翎與快馬的氣魄；

拆去無知的大牆，
世界不再是孤島的組合。
再強大的限制，
都將被知性悄然突破。
秦始皇難道不想建一面巨網，
阻攔自由之鳥的飛過？
幸虧那時銅鐵不足，
才沒使歷史出現勝過長城的醜惡！

（詩名《長城的醜惡》）

三、脫魅與昇華：十年空白之「謎」

寫下此首「反長城」的小詩，並非專為反蔡楚的《古長城》，而是表明個人今日的看法。我想努力從詩集中尋找蔡楚從民族主義情緒脫魅的軌跡，一九八四年六月的《星空》（頁三十五）一詩可算是描點的下筆處，其理性反思隱約可見：「聖化的恒星一大串／肉眼望去，已經嵌滿／中國的星空次序井然」，以及：「世界的星空就是『黑洞』／每個人、每個民族／都有被吞噬的危險／要想避開聖化的恒星／撥正軌道，多——麼——難」。

作為反思的信號，可能僅是在一個較小的群體上有意義，還不足以產生「重大影響」。畢竟他那時遠無王若望、方勵之等傑出前輩的影響力，更沒有劉賓雁那樣的表現舞臺。然而，無論如何，從膜拜腳下的長城到抬頭仰望星空，蔡楚已經完成了個人心路的一次飛躍。

如果仍以評論家的角度去看待蔡楚的詩集，也許到了《星空》這裏，我們就已經沒有到達另一樓層的梯子：詩集留下了近十年的空白，從一九八四年六月的《星空》到一九九三年三月的《微笑》（頁三十九），其間沒有任何作品錄入。儘管沒有，我還是不揣簡陋，不顧經濟學家的身份，再次置喙於歷史學的食槽——用大歷史的邏輯方法來求證他一個背後的歷史影像。一九九四年六月的《選擇樹》，給出了一個信號，這個信號是去國懷鄉與獨立不羈的相互鍛造，一如川剛浙柔的完美組合。他說「我選擇樹，選擇孤獨」；又云「只有拒絕森林的誘惑，才不必聽獸王的喝呼」。

進入二十一世紀的詩人的情境是什麼呢？簡單地說，手法上更純熟，表現上更空靈，藝術性超過了思想性。何以言之？此乃筆者發揮歷史考究之功的結果，不信，你仔細看一下一九八〇年《象池夜月》（頁二十）的配圖，它是二〇〇二年配上去的——追求完美的藝術傾向。依我個人之見，依純藝術性而論，《象池夜月》應當是蔡楚作為野草詩社詩人之一的個體代表作。這首詩，也為二〇〇三年七月的《懷秋》、二〇〇六年三月的《記夢》提供了一個「歷史鏡像」。

流亡者應該得到棲息的權利，儘管他有可能完全走進象牙之塔。畢竟，詩和哲學是屬於整個世界的，而不純粹屬於「民族」。所以說，野草詩社不獨屬於中國當代文學，更屬於世界文學史。

結語：等待民主，開詩傳之路

由於作為經濟學家得窺文學門徑，偶爾技癢也寫首小詩或寫篇影評，甚至在監獄裏寫完過一部長篇小說——正式與文學結緣。真正與詩有緣，則是將歷十餘年對中國古典《詩經》之《國風》的研究成果，形諸文字，刊發於獨立中文作家筆會網站，所謂《國風十八講》也。至於《國風十八講》有沒有更多的國內讀者，我不在乎，也沒奢望像蔡楚先生這樣印一本集子，畢竟我尚有不少可滿足榮譽感的著作。但是，詩這東西確乎和哲學是一個層面上的東西，需要深厚的積累，我可以一年寫兩本書，但不可能一年寫出一部詩集，正如我屢次放棄寫作哲學書目的衝動一樣。

敢言詩者，必有文化之負擔。詩，何時可興？中國民主化之後的事情了。也許到那時，我才能像蔡先生這樣整理一下詩集，當然中間包括古體的。

「白封出版」的重大意義
——推薦好書《思想的蝴蝶》

引言：並非生造的辭彙

「白封出版」這個詞是我自造的。官方有白皮書的習慣由來已久，我看到的特定書目就無法以白皮書來指謂，因後者民間色彩極重之故。

作為上世紀六十年代中前期出生的人，我對外表無商標等圖案的香煙感觸深刻，其為特權產品，能顯示特定消費者的身份，而有些特定書目現在不乏其特權性。剛剛看了一部分的「白封出版」，是無書號、無標價，當然也無出版社名稱的好書《思想的蝴蝶：高校人文講座二四講》。

一、「白封出版」很時尚

我到北京辦事，見到時隔十一年之後再見的一位老朋友，話自然很多。他說在一個民間研究機構工作，那也是個NGO，我對他們的第一輯講座彙編大為欣賞。他也挺高興，給了我第二輯，外加《思想的蝴蝶》。

在北京南站坐動車返程時，安檢之後，年輕的女安檢員還要看看我背的一包書，和手提袋的書。我問何以有檢查書的規定，她說上面新來的規定。我一點沒想到我手提包中的兩套「白封出版」會出什麼問題。另一套，也兩本，是受託帶給石家莊的一位朋友的。我在八月五日，要去石家莊代理出庭一件行政訴訟官司。

坐上動車以後，看在北京買的兩期《炎黃春秋》雜誌（六月號和七月號），其中六月號第六九頁有一則廣告，說：按需印書，稿子要符合國家出版法規定，書成後沒書號，不能買賣，可留世與饋贈。看完這則廣告，我輕鬆一笑。假設火車站的安檢真地扣下了我從朋友那裏拿到的「白封出版」，我和他們發生爭執，他們留滯我，而我消磨時光看雜誌，這則廣告不正成了和他們交涉的有利於我的證據了?!

瀏覽在北京買的數本雜誌，翻看《思想的蝴蝶》文集，恰恰就很隨機地翻到了展江先生的一個報告。展江是做傳播學的，曾任中國青年政治學院的新聞與傳播系主任。他講的是《新聞立法展望》。應當說明的是，整個文集的主體受眾都是大學生，所以文集的副題是「高校人文講座二四講」。

二、畫餅的可能VS.可能的畫餅

展教授的講座一如此前看的傳知行研究所講座第一輯裏所有的文章一樣，風格輕鬆，思想獨特。展教授對中國的新聞立法抱有較為樂觀的態度，通過一些案例來說明，至少希望是有的，不至於絕望到什麼都等不到的地步。他講的新聞立法不僅僅是紙面媒體所需法律，而且還包括到出版，甚至電子媒體。

這就很有趣了！他的這篇妙趣橫生的講座，能讓我這位京城之外的人讀到並在紙上圈圈點點，正是它的載體出於既合法又不合法，或曰合理不合法的地位上。當然，法也有好壞之分，像「白封出版」之不合法是不合於惡法。有人曾問我什麼叫惡法，我說：有權立法並執法的人們在你們家門口按了一個大欄杆，你繞道就費事，不繞道就罰你，罰你罰得沒脾氣，這就叫惡法。

好法的設置非常之難，如出版法或新聞法，或曰新聞出版傳媒法，提案屢屢有之，立法卻遙遙無期。而惡法卻非常容易通過，並且廢止極難。怎樣去掉「大欄杆」即不讓有些勢力隨便「罰款」——不受限制地使用懲處權吶？按展教授的思路是大家一起要求中國人大批准「B公約」。有沒有可能？我看有的，但不可能是現在。

對於《政府資訊公開條例》，展教授持欣賞態度。我也如此。不過，真正做起來，還要有非常有素質的公民或公民團體來施加壓力，即在細節上和政府較法理之勁。而對於我這樣比較清高的人來說，是不好做到的。比方說，有一次我去本地市政府——還是他們（法制辦）約我過去的——談一個我代理的仲裁案件，起初他們說給複印兩種文件，五分鐘過後變了卦，只複印一種，上面的市長批示還遮下去了。我沒跟他們談什麼政府公開信息條例，也沒去找市長（正市長是我同一個專業的中專校友），起身便走。對方反覺不好意思，要拉我再坐會兒。我文罵他們一句：老吏如妓！

其實，在現實中，那些老吏，包括上到一定層次的大吏，真地不如妓女。如果一定較勁，我寧自汙說在妓女中有朋友，也不願承認在政府部門中有朋友。也許有人說我激進。恰恰相反，正是我看到政府的操守不如妓女，我才得更耐心地做一些非常基礎的工作。這也是我讚賞傳知行研究所印白封出版的原因之所在。

三、知識價值的化學反應

整個文集中還有不少對於我的信息量而言，知名或不知名的學者。茅于軾，張鳴，我很熟悉，不必評價他們的觀點。倒是茅老早就堅持的觀點，讓我看了展教授的文章後，再次提高了領悟程度。幾年前，茅老說少講民主多講自由，我對此不太明白。而展教授說了，資訊公開「在中國不叫資訊自由」的緣故之後，我才恍然大悟。

展教授的原話說：「因為有些官員害怕提到自由。中國很有意思，民主可以大講，自由很少提，你們看，民主在我們媒體上出現的頻率非常高，但自由都不提了。」（參見文集第二七〇頁）另外一位影響不亞于展教授的學者叫蕭瀚，是中國政法大學的教師。他講的題目是《不合作精神與公民社會》。裏面的一些東西和展教授有相通之處，比如中宣部的「記憶洞」作用——「他們的工作就是把每天發生的新聞給銷毀掉，然後再重新造出一期來」（文集第二四五頁）。

儘管蕭瀚先生的這話是從奧威爾《一九八四》一書上套來的，恐怕這本文集要拿到出版社，審稿編輯會槍斃了它，最好的也會要拿掉這篇文章或刪掉這段話。

如此以來，需要拿掉或刪去的就太多了，結果文集也就成了海明威《老人與海》裏面的魚骨架。所以，採取這個「白封出版」的辦法來傳播思想是很不錯的方式。傳播者印書不是為賺錢，甚至連成本都別想收回，但是，結果生成了啟蒙效應，出現了知識價值的化學反應。

至於張千帆博士的文章也即講座《走向世界的中國憲政》，從學理上為吳思的血酬定律做出了詮釋，儘管他沒提到後者，而吳思先生在該講座中的題目是《官家主義：一種歷史分析框架》（文集第六十七頁至第八十八頁）。

四、統治體系的前景非常不看好

我有不少外界賦予的身份，但是本質上還是個研究制度經濟學的學者，也因該學問的前身是經濟學裏面的歷史主義學派，就不可避免地有歷史表達的習慣。張博士對血酬定律的詮釋，從經濟學角度來理解，則容易多了，儘管他沒有引用吳思先生的文獻。

張博士講到「現在的執政黨是通過千百萬黨員拋頭顱灑熱血換來的政權，為了革命的成功付出了巨大的代價，當然不願拱手讓人」，還有「既然新的利益集團原先付出過巨大的代價，在某種意義上為了得到平衡，它就需要通過長期的尋租贖回以前所付出的成本」（參見文集第三九五頁）這兩段話，從政治學往制度經濟學方面推，學者們不難發現它們隱含了這樣的道理：第一，訓政主義之所以在中國又甚囂塵上，在微觀是公權力的極度擴張——公開妓女名字與在你們家門口設大欄杆，都是為說明他們的道德優先性；第二，在一個政治單一而社會多元的場態中，訓政主義不可避免地要謀求利益（且不說得利正當與否），而謀求利益就不可避免地要接受社會評判；第三，道德教訓的資格與利益謀求肯定有一個平衡點或者平衡區域，而一旦這個點或區域被超越，訓政的道德性自然就會下降；第四，道德資格的損毀或慢慢降低，會帶來暴力索償——接受道德教訓的極端分子會認為受騙，所買不值，退貨途徑缺乏，只好採取極端方式。

因此，中國訓政主義在一段時間的猖獗後，比如奧運十年紀念後，就會招致大規模的社會索償。那時，景象是可怕的——經濟陷入熱寂，騷亂成為常態。那樣的情景我也不願看到，不願看到的現實道路只有及早結束訓政主義政治，全民走向憲政。話可能不小，而清高之態絲毫未變。所幸，還有許多不要錢而發言的良心學者存在，其隊伍也在擴大，斯此文集是為證明。

結語：訓政主義的黃昏來了！

這本文集有多少人能看到，我不太關心，而且現在看到它也是知識特權的標誌。但是，可以肯定地說：它預示著訓政主義最美麗的時光到來了——夕陽無限好，只是近黃昏！最後，在給這本文集拍照做本文插圖時，我特地選了最新一期《經濟觀察報》第十五版做襯托。這一版上有法學專家李曙光的文章〈新聞法的出臺已經非常緊迫〉。其文是否可以印證展江的樂觀，本人不做評論。多說的是，關於這張報紙，帶出了一個天大的新聞——它的記者觸怒了權力與資本的聯盟，遭到了網上通緝。儘管現在事情急轉而下，濫用公權力的人公開道歉了，但是，這不是他們良心發現的緣故，而是整個社會不再相信訓政主義，不相信它還具有任何道德基礎。

我說「訓政主義的黃昏來了」，絕不是仇讎之言，而是基於對民意的基本判斷。我說「經濟陷入熱寂，騷亂成為常態」，絕不是詛咒哪個勢力，而是說那是惡劣的訓政主義帶給我們這個文化共同體的必然災難！

丁朗父的薩米亞特情結——詩集《穿過這寒霧我的弟兄們》品讀

引言：來自前蘇聯的概念

在讀到秦繼華先生的〈以薩米亞特之名〉一文前，我真地不知道「薩米亞特」這個概念。在去年四月號的《經濟觀察報・書評增刊》上，秦文介紹說：「薩米亞特是俄文『未經官方許可的出版物』的意思。在一些知識份子的同期創作下，『薩米亞特』這一詞語成為他們良心的隱喻，成為對抗的隱喻，最後成為對這些知識份子的同意定義，成為他們的一個代名詞。」

對於這樣的定義，我持百分之一百的贊同意見。這是因為我很是仔細地讀過中國的「地下出版物」且可以追溯很遠。比如，在我少年時代，那個十分缺乏閱讀物的年代，手抄本的《十二張美人皮》、《一綹金黃色的頭髮》、《葉飛三下江南》等，都算是最原始的薩米亞特。在我青春萌動的時期，手抄本《少女之心》也是之，但它完全沒了政治恐怖意味，完全開放給我一片隨意性想像的空間。這時已經是一九七九年了。

一、我曾創造「白封出版」概念

在沒有接觸到「薩米亞特」概念之前，我對正式印刷但沒官方書號的出版物稱為「白封出版」。白封出版，是我創造的一個詞，最初專門用來評價北京傳知行社會經濟研究所的出版物《思想的蝴蝶》一書。與此同時，中國大陸的書號是可以買賣的。正是這種買賣才使書價畸高，而普通作家的收入偏低。出版社猶如一個又一個的法官「吃了原告吃被告」那樣，「吃了作家吃讀者」。我為《思想的蝴蝶》一書所撰評論《「白封出版」的重大意義》有幸被該所網刊採用，發在二○一○年第六期上。

從創造「白封出版」概念到瞭解薩米亞特，再到獲得摯友丁朗父（又名：朱紅）贈閱的詩集《穿過這寒霧我的弟兄們》，約為兩年的時間。兩年裏，我沒有精力尤其財力做自己的薩米亞特，所以一本寫成十年的小說至今沒有出版。好在每年還有一兩本正式的出版物如《真實的交易》、《晚清官場亂象》之類的出版，但我也得承認：在獲得官方發放的「准生證」之後，它們或多或少地被刪節。按著商業合同，這是必須付出大代價，出版方有刪節權，打個不恰當的比喻就像你想入黨就必須接受可能的「雙規」一樣，那不侵犯人權而是你加入組織的必要代價。

二、倔強的流浪者丁朗父

丁朗父不接受出版方面的「准生證」規制，兩年間自印了兩本畫冊、一本詩集。對於朱紅的畫，作為外行人我是力捧的，利用自己的「影響力」給寫過三篇畫評，其中兩篇發表在香港的正式雜誌上，一篇發在博訊網站。發在《爭鳴》雜誌上的那篇〈一小撮人的東籬〉尤其受讀者歡迎，也是我認為的自己評論類作品的巔峰時刻。

朗父的畫詩不凡，其書法也相當了得。不過，有他的另一位摯友調侃說：「朱紅的詩比字強、字比畫強。」對此，我不太認同亦無否認之論據，留待歷史評價好了。而他的詩之所以被公認，被我們一小撮自命不凡的民間文化精英所公認，是因為它的詩寫得很理性。這種理性源於他的流浪，準確地說是流民生活。這裏面，太多的感性被壓縮成嚴肅的思考，以至於理性寫詩成為他創造的一個奇觀。他從東北的大興安嶺徒步間或扒火車，「盲流」到湖南。從陷入政治深淵的父親的東北並非盲目地「竄逃」到母親的湖南，本該歇歇腳步，來享受久違的母愛。可是，他天生是個不安分的人，從湖南進入四川，混進重慶。

真正意義上的盲流，是從在湖南離開母親那一刻開始的。重慶，在那個饑餓的年代只有革命的傳說而沒有果腹的溫馨和偶遇思想的興奮。於是，丁朗父在靈魂深處告訴自己——這是別人的重慶，正如今天的北漂暗中告訴自己「這是別人的北京」一樣。詩人並沒有僅僅拘於自己的遭遇，他把「別人的重慶」推及至「別人的國家」。

這是一種哲學能力！所以，在我一直以來力捧朗父兄的畫作時，告訴我們那一小撮：「要讀懂朱紅的畫，至少得有業餘哲學家的水準。」

在詩中，他不是憤懣而是理性地質問：這個叫重慶的城市是別人的，這座城市是別人的，這個國家是別人的。這是一個什麼樣的「國家」，竟能讓年輕人如此「絕望」？（詩集，第一八頁）。在一九七五年時，即便只是從內心質問國家，也是一項不可饒恕的罪惡。好在今天「來生不做中國人」、「不做中國人的孩子」之類的憤懣，已經幾乎娛樂化了而少有政治風險。

三、探討嚴肅文學的可能性

丁朗父的詩不乏靈性之筆，或許這是詩強於字、字強于畫之摯友評論的根據。比如，詩集命名出處的那首詩，其句「羊群在水一般的白霧中／魚一般地飄過來。半綠半黃的樹葉，浸染著寒氣，一片一片落在地上。」——讓人讀來詩性盎然！但是，在一個主流文學完全痞頑化的時代裏，丁朗父還是堅持對國家、對政權的質問。比如，在〈致把所有人當敵人的人〉一首中不惜使用大量的排比，「下崗了，工人成了敵人；失地了，農民成了敵人；強拆了，市民成了敵人」，「學生當特務，不當特務的學生成了敵人／網路封鎖，線民成了敵人／你算算，他們到底有多少敵人？」（詩集，第一二〇頁到一二一頁）。

在更為寬泛的世界文化視角下，薩米亞特是嚴肅文學的一個派系。比如，前蘇聯時期所產生的索爾仁尼琴的《古格拉群島》就是眾多的薩米亞特之一。對於前蘇聯時期的「地下出版物」之歷史現象，中國著名的前蘇聯問題研究學者沈志華主編的的三冊本《一個大國的崛起與崩潰》一書，在第三冊有專門介紹。本處不再做羅列。要說的是：第一，在極權造成的政治沉悶時代裏，薩米亞特無疑從政治學到文學乃至於經濟學，都給予既存統治以顛覆性的撞擊，儘管撞擊的效果當時並未顯現，而其「內傷」後果足令體制外或還包括體制邊緣歡欣鼓舞；第二，在極權出現了改革意向而沒有能力實行政治刷新的條件下，「白封出版」無疑是明確的普世價值載體，以至於形成知識精英本身的再啟蒙，「蘇聯老大哥的今天，就是我們的明天」作為上世紀五十年代的政治期望變成今天的政治讖緯，薩米亞特與白封出版也具有了等價意義；第三，極權改革的局限導致政治的痞頑化不可避免，政治痞頑化導致文學痞頑化亦是邏輯結果，因此，類似丁朗父這樣的詩作在純文學意義上，是在探討嚴肅文學的可能性。

結語：歷史撞擊力必然重複出現

痞頑時代在社會學意義上，是「錢信仰」的生成並氾濫，儘管它無法排除其他信仰的存在。僅僅在詩歌具有靈性、哲學內涵之特定層面講，詩歌也是被淪陷的領域。因此，「錢信仰」不可能給回歸傳統或改造傳統而增進統治的合法性提供可能。輝煌的歷史文明無一例外地有燦爛的史詩存在，中國的《詩經》與希臘的《荷馬史詩》是等價的。但是，今天的中國，《論語》「復活」在痞頑勢力之手，而《詩經》被做敝履之棄。所以，即便是現代詩，只有靠詩人脫褲子才能掙得眼球而難以掙得閱讀。

痞頑時代裏，體制內的「文化內戰」狼煙四起。甄嬛是否有其人，以及其在清朝的鏡像如何，成為「嚴肅」的痞頑與痞頑的「嚴肅」的一個鬥爭焦點：前者以黨報評論的形式說，後者是「煽色腥」；後者說，職場勵志（生存）需要多種表現形式，《甄嬛傳》是為其一也。在痞頑時代裏，丁兄慨然探討嚴肅問題早已超越了自我流放，他在為一種能夠重複歷史的撞擊添加反作用力。也許在某一天，你醒來時，會發現痞頑時代突然消失，痞頑文學亦悄然捲曲在歷史的角落而不再猖獗。「嚴肅」的痞頑也將成為一場笑料，且了無文學史的考證意義。

無所不在的意識形態
——閒話Samuelson漢譯名

應當說，「意識形態」作為一個政治學辭彙在經濟學這邊不怎麼受歡迎。但是，意識形態在政治學之外作為一個社會現象還是經濟學迴避不了的。不妨稍舉三例：

第一，薩繆爾森的《經濟學》（高鴻業譯本）在其緒論中毫不含糊地把自己的著作定位為政治經濟學。加上「政治」二字，其著作自然就是意識形態產品了。

第二，曼昆的《經濟學原理》（梁小民譯本）在討論經濟學家分歧之原因時，引用凱恩斯的話要求經濟學家身兼政治家等數種學問身份。以政治家之身份來「玩」經濟學，經濟學不可避免地意思形態化了。

第三，我寫過〈經濟社會意識形態廣義化研究〉一文，發表於《比較》雙月刊一九九六年第二期。九年後（二〇〇五）被該刊納入「創刊二十年名欄名篇」系列。算有資格研究題指問題。

舉凡三例，可見意識形態之於經濟學可謂基因之一。而發現這個基因存在，是一個偶然的機會，容我慢倣絮叨。

上世紀八十年代初期，我從大陸一所中專學校的銀行會計專業畢業，工作之餘思忖知識升級（——當然不是為了文憑，到一九九七年得為北京天則經濟研究所特約研究員時仍為中專學歷，現在仍是），買了一本高校本科教材，其名曰《政治經濟學原理》。後來，此書被我淘汰而代以柴詠、楊伯華所著《西方經濟學》，因此，沒記住那本《政治經濟學原理》版本與著者。不過，裏面有一節批判薩繆爾森「人民資本主義」的敘述，讓我很吃驚，特別是將薩繆爾森寫為薩謬爾森。

「繆」與「謬」，在中國古文中雖有相通之處，但直寫言字邊的這個，實在有點過份，意識形態因素太濃。再後來，讀到高鴻業譯的薩繆爾森《經濟學》（商務印書館一九七九年十一月第一版，一九九一年十二月第十次印刷），旁參朱彤書主編的《西方經濟學名著提要》（華東師範大學出版社一九九一年六月第一版）一書，才明白了「繆」之為「謬」的原因。朱編該書有一篇專文介紹薩繆爾森的《經濟學》，文中雖未以「謬」代「繆」，但寫道：「作者對馬克思主義經濟學的評論貌似公允中正，實則惡意貶低和刻薄攻擊。」

「作者」，即為《經濟學》一書著者薩繆爾森。

這個細節一直成為我要在經濟學方面努力研究的一大動力，直到一九九六年寫出那篇九年後「被出名」的論文。也恰是在二〇〇五年我從網上知道那篇研究意識形態廣義化的論文被列為「二十年名欄名篇」之時，我讀到了英文版的《聖經》。《聖經・舊約》裏有Samuel上下兩篇。

耶！Samuel這個詞（人名）怎麼這麼熟呢？想了好半天，才想起來與經濟學家薩繆爾森有關。於是，找高譯本的英文版權頁。結果呢，薩繆爾森「是Samuel的兒子（或後代）」，也就是說Samuelson一如Johnson之類，其姓大有宗教含義。這一偶然發現引發了我進一步探討的興趣。更何況，作為「半個經濟學家」，我本人的史學底子尚可呢！手頭有十餘本不同等級的英漢詞典，查英文人名或姓氏還是很容易的。但是，近三十年版本皆不足謂也。從做歷史考證的角度講，必須找到高譯本第一次出版（一九七九）之前的Samuel譯法，方才符合學問之道。還好，手頭有一本已經磨損得版權頁全丟了的詞典，只能看到《出版者的話》寫於一九五七年十月。此典名曰《英華大辭典》，該典的《前言》是大翻譯家鄭易里一九五〇年五月一日寫的。

一九五〇也好，一九五七也罷，早於一九七九無疑。學問條件既定，就不用費心給高鴻業先生去信（——原有此打算，信數寫數廢而不寄），試問他譯Samuelson時所用的工具書。

長話短說。查《英華大辭典》第一一五六頁，Samuel一詞注釋：一為「男子名」，一為「〔聖〕希伯萊計程車師及預言者」。此中「〔聖〕」之標記是指西方通行的文獻《聖經》。按著史學與辭典編纂學邏輯來講，兩個釋義中的第二個應為源頭。然而大翻譯家為何不直注漢文譯法呢？現在推想：彼時意識形態因素太強，無法標示，或言能繞者則繞，必無可繞者再行技術性處理。如John一詞，先指「男子名」，於「〔聖〕」一注方面則寫為「（一般的）男子，男僕的代表的名稱，擬人名」。而後，對兩個慣用詞John the Apostle與John the Baptist，則不得不分別注為「使徒約翰」與「施洗約翰」。

那麼，Samuel究竟該遵前例譯為何名呢？答案很簡單：按天主教的譯法，是「撒慕爾」；按基督教的譯法，是「撒母耳」。此二種譯法早於鄭編《英華大辭典》是常識性問題。於是，Samuelson無論是「繆」還「謬」，皆非初本面目，應譯「撒慕爾森（遜）」或「撒母耳森（遜）」。

可惜，薩翁駕鶴之日，中國的譯界又出了個歧路亡羊的笑話兒：大名鼎鼎的新華社《參考消息》在轉譯國外報導時，把薩翁的名字譯成「撒母耳森」，以至於老人家在中國「一人三姓」了。豈不好笑！

議會打架是件大好事
——從美國到臺灣的「潛流」

意識形態既得利益集團不斷以臺灣議會不文明為由，來說民主有多麼不好。換句話說：我們這個「種兒」、這個文化傳統，不適合搞民主。許多人也信以為真，或人云亦云。

按個人閱讀經驗來說，第一次對臺灣議會打架的事情有深刻印象的時候是一九九七年秋天。那時，我買了一本關於臺灣政治的書，名叫《李登輝主政臺灣以後》（李家泉著，中國言實出版社一九九七年二月出版）。書的目錄前集中放置了圖片，其中有一張是一九九六年七月七日，臺灣國大開幕當天，國代在孫中山遺像前打架的黑白照片。該書沒有標示照片來源，對於國大、國代二詞，按大陸政治口徑，給加了引號。再後來，臺灣發生了大水，桃園那個地方居民供水發生「跳票」——管子被沖斷之故，經濟部長（是位女性）為此自責不已，聲明將引咎辭職。辭了沒有，我沒繼續關注。事情發生的年份也記不清了，估計是二〇〇三年五月份以後的事情。

通過對比經濟部長辭職與議會打架，我明白：有一個高質量的議會，政府才會不作惡，而一個高質量的議會是吵出來的，甚至動手打出來的。議會動手打架的也不止臺灣一家，東南亞國家裏也有。是印尼還是菲律賓，記不清了，反正二〇一〇年的新華社《參考消息》還轉引外電消息，報導過彼事。東南亞國家的民主程度雖然不及臺灣，畢竟他們的議會也可以打架。

近些日子，細心閱讀最新版的美國史，發現：美國也有議會打架的現象，只是它發生在該國民主的早期，距今已有二百一十二年的時間。當時打架的場面被畫家以諷刺漫畫的方式補記下來。艾倫・布林克利最新的《美國史（一四九二—一九九七）》之中譯本（邵旭東譯）第一七七頁，對名為《國會鬥爭》的該圖講解道：「這張漫畫諷刺地描述了一七九八年國會眾議院發生在康涅狄格州聯邦派羅傑・格里斯沃爾德和佛蒙特共和黨馬修・萊昂之間著名的鬥爭事件。衝突起於格里斯沃爾德侮辱萊昂在獨立戰爭中的表現，萊昂反抗時，一口啐到格裏斯沃爾德的臉上。兩星期後，格裏斯沃爾德用拐杖去打萊昂，萊昂舉起火鉗進行反攻。此處描繪（嘲諷）的就是這一場景。圖中的其他議員在高興地觀賞。上掛的畫名叫『皇家運動』，內容是動物的搏鬥。」

解釋中，有兩點不太好，漢譯本似當修正：第一，「佛蒙特」三字後面加上「州」字為好，以便使對美國地理不瞭解的人知道，這是兩個州的不同黨派的國會議員在打架；第二，「畫中畫」有諷刺意味，解釋是否真地存在為好。不管怎麼說，在議會打架確實不文明，理應受到諷刺。但是，歷史往往有驚人相似的地方：美國民主的初期，議會裏打架；臺灣民主的初期，議會裏也打架。歸納而言：允許議會裏打架，是最大限度公開對立雙方觀點的好事情。

議會裏打架不文明，但至少比聽報告時睡大覺要好得多。中國成語對後面這種情況叫尸祿素餐，或叫尸位素餐。簡單地說，有權的人不盡義務，只是像個屍體那樣占著位子。

看看美國的歷史，看看臺灣的歷史，想想民主的匱乏，想想腐敗的橫行，我們有理由期待中國的「議會」（不管哪級）也出現打架的場面。從民主的初級階段走起不算丟人。

從一七九八年的美國眾議院火鉗子拼拐杖，到一九九六年臺灣國會老拳揮舞，一百九十八年，歷史驚人相似地重複。這種重複給臺灣人民帶來了幸福，給濫用公權謀私利者帶來了滅頂之災，陳水扁案件說明「不管職務有多高或曾經多高」，腐敗就得被查。

中國另有古代俗語講「豺狼當道，焉問狐狸」，道理精闢。用到反腐敗上，殺一百個中腐敗不如殺一個大腐敗，殺一個大腐敗就不如拿出一個頂尖版的腐敗案例來。如果說反腐敗話題太敏感或者導致審醜疲勞，那麼，說說官員責任總還行吧。臺灣的經濟部長為一個城市的供水出了問題就主動引咎，大陸這邊呢，主動引咎就暫時不提了，最好是讓那些不適合再當官的人別再出來招惹物議。比方說，前教育部長任工程院院長的新聞，連讓人評論的勇氣都沒有，稱「該評論已關閉」。羞也不羞?!

非祭而賀蘇共亡黨二十年
——對《克格勃全史》的拓展閱讀

引言：葉利欽的愧疚

獨裁制度天生地喜歡特務統治，古今中外概莫能外，而且越是政權晚期即行將崩亡之際，特務統治越盛行。比較近的例子可以看前蘇聯，其政權遭人民拋棄，重要原因之一是人民對特務統治的厭惡。

不僅普通人，就是葉利欽那樣的大人物也如此。比如，一九九〇年五月他當選俄聯邦最高蘇維埃主席後，拒絕蘇聯克格勃機構為其提供的警衛服務。在此前，他公開批判特務統治敗壞社會道德（參見王銘玉編譯《克格勃全史》，頁六五八；版本：黑龍江人民出版社，一九九八）。如此之論並非是標新立異，而是因為他在一九七五年被迫承擔了一筆沉重的政治債務——在克格勃第五總局即俗稱「知識份子和青年局」的壓力下，時為斯維爾德洛夫斯克州第一書記的葉利欽親手「剷除」了一個政治異議小團體（參見線民「醉心望月」短文：「滴血的鐮刀——克格勃第五總局」，載於

club.kdnet.net，二〇〇七年一月一日）。而那個小團體僅僅是斯維爾德洛夫斯克市的一位商人，私下組織的沙龍，他們要在一起討論政治敏感話題。

在此三年以前（一九七二），反動、殘忍的「知識份子和青年局」大規模清洗有異議思想的青年知識份子，其中被流放到西伯利亞的有十萬人被凍死。如果說一九七二年的迫害只使葉利欽感到恐懼的話，那麼，一九七五年他的「剷除」行動則讓他難以揮去良心的愧疚。也許從那裏起，他就暗中打算拋棄蘇共，結果也就是蘇聯解體。

一、他們那種種邪惡的欲望

前蘇聯的特務統治毒化社會道德，無須再議。人們很少注意的是特務統治讓一小撮社會渣子利用國家的名義、使用銳利的公器來呈一己之私，並將邪惡的欲望發揮到極點。邪惡的欲望有多種表現，有的是對錢財的貪婪，有的是對性消費的沉溺，有的則以給別人製造恐懼感而心生無限快感。或者，乾脆這幾種邪惡的欲望混為一體，使特務統治的權勢人物真地成為有天使外表的惡魔。

曾任蘇聯國家安全部長的維克多•謝苗諾維奇•阿巴庫莫夫（一九四六至一九五一，克格勃首腦），本意是史達林安排進克格勃體系分散貝利亞權力的。但是，阿巴庫莫夫很快變成了貝利亞的心腹。阿巴庫莫夫偏好性消費，國家安全部的軍官俱樂部裏有一個專門房間供他同情婦行風流之事

（頁三六五）。

偏好性消費不只是特務頭子的專利，其他蘇共高級官員也大體如此。比如說，被降職的克格勃主席亞歷山大・尼古拉耶維奇・謝列平（一九五六至一九六一，克格勃首腦），到全國總工會任主席後，發現前任全國總工會主席格里申很喜歡在工作時間裏玩女人，地點就是辦公室的裏套間（頁五一一）。這有點像後來中國發生的「局長日記」事件，儘管格里申沒有寫風流實錄的「主席日記」，但是，在工作時間裏玩女人，可謂蘇共高級幹部的效率手段。這樣可以免得工作時無所事事，也免得下班後玩女人而佔用了自家的時間。或許在下班後，回到家裏，格里申是很不錯的丈夫、父親，等等。

讓被貶的謝列平最受不了的是：格里申並沒有出什麼問題，而且由相對低位的全國總工會主席的位子上，升至莫斯科市委書記。

二、魏忠賢在前蘇聯「復活」

特務統治的最高妙之處在于利用制度帶來的普遍愚昧，製造無所不在的恐懼。蘇共由「一黨專政」變成「一人專政」的統治端賴於這個手段。按照經典政治學辭書的解釋來說，特務統治其意圖在於創制一種不安全的氣氛並防止有組織的敵對派別的出現。（參見鄧正來主編《布萊克維爾政治制度百科全書》中譯本，頁五九八，〈秘密警察〉條目；版本：中國政法大學出版社，二〇一一）。

在影射史學的意義上，蘇共的「一黨專政」蛻變為「一人專政」，即其依靠普遍恐懼的無恥墮落，在中國的歷史與現實中均可找到例證。現實的，眾人皆知，無須舉例。倒是對照一下明清歷史——這兩段現代中國人比較感興趣的特定歷史時段——來更深層次地揭示特務統治的非人性。特別是其現代政治的一般形式，如何具有了封建主義的本質。

在中國明代，東廠、西廠、錦衣衛是著名的特務機構，而能夠最有效運用這套體系來構築個人權威的，不是明朝的皇帝，或者說其巔峰時期成了一位權臣的獨角戲。這位權臣是魏忠賢，他是那個時代、那個國家，實際掌控者。

彼時，發生了類似蘇聯歷史上斯維爾德洛夫斯克市商人的細節故事：有幾個在一起飲酒（沙龍形式），其中一個指責魏忠賢誤國，餘者「股栗變色，怨其多言」（參見李懷霜著《裝愁庵隨筆》第十二則〈古今權奸〉，原載於雜誌《民權素》（一九一四年四月創刊，一九一六年五月停刊）；發言者不信此種私下言論能傳到魏的耳朵裏去，並發怒說：「就這麼一句話，魏忠賢還能剝了我的皮？」

接下來的情節不急於展開，只看記載中所說「的股栗變色」，就足以說明特務統治的威力即社會恐懼後果。

明朝晚期的那次並不著名的沙龍導致了如前蘇聯類似事件的部分政治後果，參與者悉數被逮捕。魏忠賢對那位不滿者說：「是不是想看看我魏忠賢能不能剝人皮？」眾人聽言，嚇得要死。請客人家裏的僕役（負責端菜、送酒水的人）肯定有魏忠賢的耳目。不過，魏忠賢此次並未表現出他對待著名政敵的殘暴，開個玩笑，放了一干人等，並且給了諸位一些錢，算是壓驚了。

三、清初對明朝特務統治的繼承

雖然魏忠賢高超特務統治的該案例未入正史而只是傳說，但是後來代明而立的大清帝國悟到了真諦。一句話：前朝雖覆，但特務統治的法寶應當繼承。康熙時期的一個非著名案例（同上引李著，同則），足以說明這一點。

有位職位不高的武官想為被上級（將軍）誣陷繫獄的同事伸冤，召集了數位有同情心的人士議論，其中多數人勸他不必急躁，說將軍到處都是耳目；該人不信，開玩笑說：「你們不會告我的。除了你們，這屋裏只有我老婆，難道她會舉報？要是她真告了，我就認了！」讓他說中了，告他的就是他老婆。好像《水滸傳》上盧員外遭到了妻子舉報一樣。妻子出賣丈夫超乎了特務統治的底線。這名將軍雖以武官之妻的現實舉報（通賊證據，或許是編造的）而處死武官，但亦以「不恤其夫，悍然告密，洵犬豕之弗如」的倫理判詞，殺掉了武員之妻。

聯繫明清歷史，對比蘇共的特務統治，並非為新奇調侃，實在是為葉利欽的道德反省提供更好的，也即更中國化（話）的證據支援。其實，特務統治在中國的下場並不好，想想蔣治大陸時期的中統、軍統之流，不也是敗壞黨國無形資產的禍首嗎?!

是的，中國人的普遍愚昧是歷史文化造成的，它特別適合特務統治的瘋行，這是一種巨大的不幸！此種不幸，在二十年前就由蘇共的亡黨證明給我們看了。畢竟愚昧的中國人曾瘋狂讚美蘇聯，要複印蘇聯的「今天」，使之成為中國的「明天」。

結語：聽聽巴卡京的說法

蘇共亡黨，特務統治隨之結束。蘇聯解體，在新的國家生活的人們雖有動盪，乃少數者也，多數人過上了沒有恐懼的日子。前蘇聯人民，又何其幸也！這種判定亦非調侃。重回尚未鈣化的歷史，聽聽克格勃最後一任首腦（主席）瓦·巴卡京（也是奉命解散克格勃的人）的說法吧！

巴卡京指出：克格勃這種特務統治，「構成極權制度的基礎，沒有這一基礎，這個制度簡直就存在」。（參見非琴譯《擺脫克格勃——克格勃最後一任主席回憶錄》，頁十四；版本：新華出版社，一九九八）

雜果佐酒待有時
——略讀宮鈴《從臺北到北京》偶感

在中國大陸，只要涉及到「臺灣」二字，就無法與政治脫鉤。由此看來，宮鈴女士在《從臺北到北京》一書（中國友誼出版社，二〇一〇）中的「說教」，實在難得教化之果。這本不錯的休閒讀品，至少對於我這樣的純民間學者來說，是一本非學術、非資料的閒書。當然，閒書並非無用，有閑之時略讀，還是頗具趣味的事情。

臺灣，以及涉及她的書，在大陸，就像雜果罐頭的糖汁。你可以不喝，但佐酒之時，雜果裏沒有汁子，是不可想像的事情。而每一個試圖談論她的人，無疑是粒粒雜果，可以是小方丁兒的椰子肉，可以是渾圓嬌小的櫻桃兒，不一而足。

《從臺北到北京》書中講到的富商（醉漢）要拿下臺灣、壩上大嫂視臺灣為己物的情節，我能理解，而且相當年我也是他們中的一員。不過，做學問的人總會比學問之外的人多考慮一些。我和茅于軾老師私下談論臺灣問題時，我說打下固然容易、不考慮國際影響也行，但是，拿下來用什麼守與治卻是個絕大的問題。所以，兩岸和平是最優選擇。茅老以為然。也許是由於同樣的考慮，大陸核心決策層並不希望「一舉拿下」，更希望那邊不突破一個底線。於是乎，馬英九的「三不」仍然是最現實也最尖端的兩岸方略。也就在參加一檔節目，「近距離」觀察、聆聽宮鈴在內的四位臺灣人士時，我說了「小英當選並不意味著獨立」那樣的話。這個說法，得到了大陸一位學者型官員的贊同，他甚至認為我的說法是對他的觀點的補充。其實不是，只是有些共同點而已，這樣的關係正如臺灣和大陸的關係一樣。

兩岸的文化差異也許是真正「阻礙」統一的最重大因素，而不是哪位政治家的策略組合之故。

我自己深有感觸的有兩點：第一，是一九九九年因在中華民國僑委會的《宏觀週報》發表文章而被大陸當局指控（當然不止這一項），指控和判決的言詞讀來讓人失笑，但更令人酸楚的是不少人小心翼翼地問我是否臺灣特務——我的手提英文打字機竟然被坊間傳為是給臺灣發報的工具；第二，是二〇〇三年（五一）出獄後，為謀生而翻譯一本挪威和美國兩位婦女南極探險的書《地平線並不遙遠》裏面講述臺灣學生通過直播看探險實況，老師又藉以鼓勵學生對抗大地震災難——相對地，大陸沒有一個媒體報導探險的事情，我百思不得其解，最後「編」了一個理由，那就是探險者會晤了達賴，並將雪山獅子旗插到南極。

為出版需要並徵得委託我翻譯的書商同意，我略掉了達賴和兩位探險者會面的那一部分。

話扯遠了。不過，臺灣對外部文化的吸納遠遠高於大陸是不爭的事實，宮鈴在《從臺北到北京》中關於臺灣人的嚴苛與貿易依賴的關係，是很好的解釋。這一點，對於我這個已有數篇關於臺灣經濟與政治研究論文的學者來說，也算最好的參考資料暨文獻索引專案吧！

宮鈴自稱是飛於兩岸的「蝙蝠」，臺灣人認為她已經是「鳥類」，大陸人卻毒眼認定其非。這是個有趣的比喻。宋楚瑜先生為該書所題詞也頗有這種味道。而之於我本人（並非要和宮宋二人一比個人成就），我則認為宮鈴對宋的「非感激」把臺灣政治的優美之處全然呈現在我的眼前。

在上面提到的節目當中，宮鈴說她歡迎宋參選總統而不會把票投給宋。這在大陸人來看，算是「小人之見」了。因為此前你已經借助人家的名氣推廣你的書了嘛！投人家一票，算是回報吧！可惜，這個能夠真實反映大陸人情文化的模型，並不適合臺灣文化，正如上面舉到的兩個感受一樣。而在「近距離」觀察、聆聽臺灣人士的時候，宮鈴女士與江義雄先生的激烈辯論更是讓人耳目一新。如果你從他們不顧媒體安排的角度來推理臺灣政治，那肯定是「民主亂象」，是臺灣議會政治的不好一面；如果你從議會歷史的角度看這樣的問題，還有政治人物沒有挑揀也即沒有迴避的發表看法來論，這肯定是最好的一次政治觀摩。

我說，它省了我一次去臺灣的費用。

作為一個純民間學者，作為一個有「政治經歷」的所謂人物，我申請去臺灣幾乎是無知的表現。當然，我認為這樣的狀況不會長久下去。到那時，我可能去拜會《宏觀週報》的編輯們，告訴他們：你們不該給我寄台幣現金，以至於成了「犯罪證據」。是否還能補一份？看你們的啦！

宮鈴的書提供了大量的消費者剩餘（原諒我又用「模型」一類的經濟學術語），附於後面的「宣傳小冊子」既簡潔又指要，外加印刷精美。這讓我想起了少年時代被學校派到玉米地撿臺灣傳單的事情，那傳單也印刷的很好。我在博客上關於「文革」的記憶文章有所涉及，此處不再多說。

對比宮鈴書後精美的小冊子與撿傳單的記憶，突然想起蘇軾在〈後赤壁賦〉裏的詠歎：「山高月小，水落石出。曾日月之幾何，而江山不可復識矣！」

不寫了，到了去打羽毛球的時間了。如果可能，如果「突然」，背著包去臺灣會會羽毛球高手應當是很愜意的事情。夢，難以實現。但我總還有做夢的資格吧！

一句話的價值
——推薦弗雷德曼夫婦著《兩個幸福的人》

這篇文章的大部分是舊日文字，是在我讀弗雷德曼回憶錄漢譯本之前的二〇〇六年寫的，儘管弗傳漢譯本已經在二〇〇四年出版（中信出版社，韓莉、韓曉雯譯），我在去年才通過網購從當當上買到並斷續讀完。該書正式的原名是Two Lucking People（兩個幸運的人），此因其夫婦二人均為經濟學家之故，並且影響頗巨的《自由選擇》一書也是夫婦二人合寫的。這本書也奠定了弗雷德曼諾獎得主的基礎地位。諾獎也因此有些遺憾了——它應當授予弗雷德曼夫婦，兩個幸福的人裏面的女主角理當有份！

漢譯本內容譯得不錯，但是書名卻模糊了女主人的身份而定為《弗里德曼傳》。多少有點中國的「大男子主義」。

作為一個在官方看來也許不入流的學者，在民間也許是很大牌的經濟學家，我有著自己的學術意識形態：自由主義是人類最好的學術思想，在經濟學方面亦如此，並且我主張「政府內化於市場」。而我的自由主義經濟學思想之形成，受弗雷德曼學說的影響是原因之一。

密爾頓・弗里德曼作為一位堅定的新自由主義者，他是針對凱恩斯革命的「反革命」，也是亞當・斯密的忠實的詮釋者。從後一點上說，他對經濟學的貢獻多少地被世人誇張了。至於其一九七六年獲經濟學諾獎，也不乏一九六七年任美國經濟學會會長與一九六九年至一九七一年在尼克森政府任經濟顧問的影響因素。但是，在我看來：這位偉大的學問家的主要貢獻在於政治學而不是經濟學；如果有政治學諾獎的話，他首先應獲這一獎項。可惜，具有政治意味的諾獎只有和平獎一項，而政治學則不在考慮之列。

弗氏的政治學力作叫《自由選擇》。雖然這本書仍以經濟學的面目出現，但從一開始他與共同署名的太太羅斯・弗里德曼就開宗明義地告訴人們：這本書有兩個明確的目的，第一是回歸斯密的「自由競爭」，第二是重溫湯瑪斯・傑佛遜在《獨立宣言》中「上帝面前人人生而平等」的政治自由主義。

弗氏政治自由主義的核心是「小政府」觀念即堅決反對任何藉口的政府擴張。他把政府職能仍傳統地限定於國防、司法和公共事業方面，至於經濟增長嘛，與政府職能無關。這個觀點放在中國語境中，是相當自由化的，且也是不可接受的。如果我的記憶沒有發生巨大錯誤的話，一九八九年北京政治風波結束後的大批判中就涉及到了弗里德曼。似乎在六四之前他在香港向趙紫陽系統大量灌輸了自由主義政治原則，即今天看來，是那種用經濟學理論表達政治見解的「話語技術」。然而，弗氏遠沒極左政治家想像的那樣危險，因為他的研究經常是基於歷史與實證的。

就在一九七九年他們夫婦出版的《自由選擇》一書中，提到了當時的香港。他們讚揚香港殖民統治的「小政府」社會管理模式帶來的自由繁榮；之於歷史，他們說：從拿破崙的滑鐵盧之敗到第一次世界大戰，這一百年間為人類少有的和平的自由貿易時期，因此那時西方世界的繁榮得益少受政府干預的自由貿易。

作為一個在美國社會中有相當話語權力的學者，他義無顧反地批判了美國二十世紀上半葉的國家政策特別是羅斯福新政。弗氏夫婦堅稱：美國雖沒有中央計畫，但在此（一九七九年）前的五十年裏，由於政府權力膨脹和作為過多，人們的經濟自由受到了限制，言論自由、出版自由也受到了不同程度上的損害，極大地損害了美國的經濟發展與政治公平。作為一個觀點清晰、旗幟鮮明的政治學家，他的放膽直言確實對美國社會與政治產生了極其重要的影響。按理說，既然一九七六年獲得了經濟學諾獎，就該功成身退了，可是恰恰相反，第二年他從芝加哥大學退休後就參與了雷根政府經濟政策的制定，而此時的身份是斯坦福大學胡佛研究所的高級研究員。

弗氏的新自由主義不僅深刻地影響了雷根政府，而且也在凱恩斯的祖國產生了顛覆性影響——柴契爾夫人政府俐落地放棄了凱恩斯主義，轉調為新自由主義。

偉大的弗里德曼長壽到九四歲（一九一二至二〇〇六），這算是繼加爾佈雷斯（九十八歲）之後的又一個奇蹟吧！中國人有言道「仁者壽」，我想弗氏堪稱經濟學界的仁者了，而其仁所在就是他對傑佛遜的深刻領會——「在上帝面前人人生而平等」。但願我這不是牽強附會的理解。我也相信：上帝會給這位仁者以恩典。

弗雷德曼夫婦確實是兩個幸運也就是很幸福的人。幸運裏面有大量偶然因素，幸福裏面則有大量規劃因素。或許是他們夫婦面對上帝的恩賜而謙虛，才說自己Lucking。就本質而言，與其說是幸運，毋寧說是幸福！在自傳中，夫婦二人異口同聲地說：「寬容是家庭成功的秘訣，一如它是社會走向成功的秘訣。」對於那些對經濟學並不感興趣但又願在空閒時間讀點書的人來說，能讀到上面這一句話就足夠了。

梭羅是誰？有中國映射嗎？
——初讀《瓦爾登湖》有感

引言：想到了羅耀拉

梭羅，是寫《瓦爾登湖》那本書的美國作家亨利・大衛・梭羅的姓。梭羅四十五歲英年早逝，如果他長壽，很可能是諾貝爾文學獎的獲得者之一。梭羅在美國以及整個西方的巨大影響並不出乎意料，因為他堅決選擇「反物質」也即反物欲生活，從而給現代西方社會一絲清涼，或者說復古的快感。他的離群索居很容易讓人們想到聖伊格納修斯・羅耀拉（一四九一至一五五六），或者說《瓦爾登湖》這本書就是現代版的《心靈的操練》。

羅耀拉的《心靈的操練》之所以在他的時代裏能成為耶穌會士的基本手冊，直接原因就是它是羅耀拉離群索居思考上帝問題的感受。傑出的羅耀拉最經典的獨居不過是十個月的山洞生活，而梭羅在短暫的一生中，離群索居的時間絕不是幾個十個月可計量的。

一、宗教影響的非教義形式

在需要不斷勵志的西方，羅耀拉的思想資源稀釋成了無盡的「心靈雞湯」。換句話說，別看西方尤其美國的勵志書已近乎氾濫，其實它們還是有著很隱秘的宗教因素的。於是，在宗教無處不在且以非教義形式產生影響的社會裏，《瓦爾登湖》毫無疑問是文學（散文形式）與勵志（宗教稀釋）的最好結合。

如果再往前倒一些西方歷史，我們可去看看羅耀拉出生一百多年前的宗教虔誠行為。在一三四八年至一三四九年間，黑死病第一次肆虐之際，許多歐洲人結群而行（非止一批），徒步穿越北歐，他們一邊唱歌，一邊用帶有金屬包頭的皮鞭互相抽打，希望上帝不再發怒、不再用黑死病懲罰他們。

梭羅的作品裏面並沒表示出他真實的宗教信仰，只是很文學化地闡述自己的宗教觀念。這也正是美國社會宗教現狀的一個反映。宗教廣泛地存在，但更多地是思想層面而非教義宣揚。從這點上看，不管梭羅如何標榜自己的不俗、自己的「反物質」，但絕沒有「反社會」的能力。他仍然也必然是美國社會的一個元素。按著美國最深刻哲學實用主義「有用即真理」的法則，梭羅對美國社會的相當一部分人確實是有用的。一方面，復古快感是文化人精神層面的需求；另一方面，現代社會競爭之激烈，人需要心靈間歇與療養，梭羅所寫的東西毫無疑問地高於粗濫的勵志作品。

僅僅是一個猜測：中下層社會可能更願意消費卡內基的勵志作品，而上流社會更喜歡梭羅的「變形勵志」。

二、偉大的「一公里」心靈半徑

梭羅被西方文學評論界大肆鼓吹，算是死後哀榮吧！但是，他在文筆上確實不算成功，質過於文的狂亂表述幾乎使整個《瓦爾登湖》在形式上陷於瑣碎。就像黑死病時代的贖罪現象，有些婦女在公共視野裏接受鞭笞，結果，肉體最後難以承受，內傷終至於人形難再。從一般審美上，這不可接受，但是，從宗教的陶冶意義上，又無可指責，甚至被奉為聖潔。

梭羅的早死似乎是那些自願接受鞭笞而人形難再的痛苦的一個最世俗的寫照！這種歷史回音，在不同的人那裏有不同的理解。但是，我絕對沒有貶低梭羅的意思，甚至說，在一定程度上，我還是個不成功的模仿者。比如說，我拒絕世俗的人情來往，老鄉會、同學會之類幾乎不參加，就別說婚宴喪儀了。儘管不是百分之一百，但只要我能拒絕與遠離就一定拒絕與遠離。

在心靈上，我已經做到了梭羅「一公里之內沒有鄰居」的樣子。這是在我讀到《瓦爾登湖》之前就做到的了！

說來有些慚愧，在聽說這本書而未讀到之前，我一直以為它是如《日瓦戈醫生》那樣的有思想的長篇小說。直到這幾天（二〇一二年十月下旬），我才很偶然地買到它。原本是為研究魯迅批判紀曉嵐（紀昀）的歷史與人文（含地域）因素，去書店買魯迅的評論集與短篇小說集。可能是城市小的緣故，經營最好的書店裏沒有魯迅作品。順手，就買了不算厚的漢譯本《瓦爾登湖》（許崇信、林本椿譯，鳳凰傳媒集團・譯林出版社，二〇一一）。

三、「美國版的莊子」也許更恰當

這個譯本的導讀之一（或算是譯序，作者葦岸）寫得非常不錯，至少從文學分析角度是成功的。同時，也沒有必要苛求譯序提供哲學思考與宗教史印證。不過，有一點倒是引人深思，就是考證意義上的邏輯研判。葦岸先生說，他喜歡梭羅而不是陶淵明。這一點我同意，因為陶淵明名為隱士，實質上一直在內心不忘廟堂，每每把廟堂與自己的處境做比較。最明顯的是，陶淵明想努力影響後人，而梭羅絲毫沒這點意思。

既然陶淵明不是梭羅的中國「映射」，那麼，誰更接近一些呢？

如果孟母三遷的故事是真實的歷史細節，顯然三遷的意義可接近「一公里之內沒有鄰居」。梭羅絕對地拒絕俗濫交往，孟母拒絕交往她價值篩子濾掉的那些人。如果說，我把孟母與梭羅相比有些牽強，即來說明自己的「心靈一公里」的歷史支援，那麼，梭羅應與中國的莊子更接近。窮困但並不潦倒的莊子拒絕楚國的聘請，不做官，聲言只願做一隻自由的小豬（孤豚），而且是在滿是泥湯子的小河溝裏尋求快樂的小豬。

「我寧遊戲汙瀆之中自快」是莊子坦蕩的個人理想，也正是梭羅的中國先期「映射」。與梭羅不明確宗教信仰而表達宗教觀念一樣，莊子沒有說出自己的宗教信仰，但是他對在他之前已見雛形的儒教是不屑的並進行了銳利的批判。難道莊子預測到了孔儒學說將成為貽害中國的宗教嗎？

不知道！或者說，要證明這點非常之難，沒有相關的出土文獻，幾乎沒法做到。於是，只能寄託於歷史邏輯。歷史邏輯並沒割裂西方與中國，因此，我們也可以說「梭羅就是美國版的莊子」。這種偉大的相似，就像普羅泰戈拉與老子的相似一樣：老子的一切出於「仁」，對人的憐恤與價值認可；普羅泰格拉在老子之後，說道：「人是萬物的尺度。」

結語：回到普羅泰戈拉去

二十世紀人類最重要的文明史事件之一是蘇聯解體。蘇聯解體源於普羅泰戈拉倫理學的歷史傳承——當人道社會主義成為勃列日涅夫時代的粉飾口號時，戈巴契夫的新思維有了土壤；戈巴契夫的一切政治努力不過是「回到普羅泰戈拉去」的價值追求，轟轟烈烈的共產主義終究是敵不過基本人性的。

如果說「回到康德去」在哲學領域已經實現，那麼，「回到普羅泰戈拉去」則是正在進行時，儘管還沒人明確提這個口號。在沒有明確口號的情狀下，「回到梭羅去」也是不錯的選擇。問題是，中國的作家們能夠做出如是抉擇嗎？尤其是思想生活還處於前戈巴契夫時代、遠未能從勃列日涅夫的「宗教影響」走出來的體制內作家，他們有選擇一次「孤豚」的機會嗎？

如果能，他們的滿是泥湯子的小溝在哪裡？

就算成了滿身是泥的「孤豚」，在遍地的「泥馬」嘶鳴中，他們以什麼聲音回應呢？

對阿貝拉爾的借題發揮

——電影《達・文西密碼》歷史趣解

對基督教派別與教義歷史有所瞭解的觀眾可能會知道《達・文西密碼》的整個宗教觀念是建立在諾斯底主義基礎上的。諾斯底主義的基本教義，用「中國話」來說，就是「兩不兩是」加上一個「女基督」——耶穌不是神、不是救世主，而是一個啟示者、一個啟示神奧秘的人；至於女基督的說法，則又與「邪教」有關了，中國的東方閃電派算是一個最現實的詮釋。

應當說，對於這樣一個重大宗教題材的電影，主演者即著名演員湯姆・漢克斯演得很一般。這應當是緣於題材之故。可能的情況還有，扮演一位歷史學家需要太多的學養，而演員不可能短時間做到。《達・文西密碼》力欲粉碎耶穌的神性，把他凡人化，從而顛覆羅馬教廷的權力基礎。基於諾斯底主義的價值觀念，也顛覆了父、夫二權，以耶穌的血緣關係「捏造」了一個他唯一的後人——電影中的女主人公。這個基於人類最原始關係——血緣的認可，具有巨大的世俗吸引力，而世俗吸引力恰恰是諾斯底主義的核心價值之一。然而，血緣關係之於宗教的作用早已被耶穌本人否定，他只承認由信仰確立的「真親戚關係」——在《聖經・新約・馬可福音》第三章三十一至三十五節清楚地表明瞭這點。

劇作家完全成了歷史考據家兼解經專家，他沒去理會耶穌關於血緣關係的定論，而是專心從《新約・馬太福音》第二六章六至十三節耶穌特別垂愛於抹大拉的馬利亞的細節上演繹故事。這個馬利亞傾心於耶穌的道理，不做飯食的侍奉而專心聽道，最後把最貴重的香膏澆在了耶穌腳上。她不但將香膏澆在耶穌腳上，而且還用自己的頭髮將耶穌的腳擦乾。

這是怎樣的一種虔敬呢?!

四福音中都有這個細節的記錄。這個細節不但引起了她姐姐——那個辛苦地做飯、幹勤務的馬大的不高興，也引起了耶穌門徒的不高興。這還不重要，重要的是：抹大拉的馬利亞是第一個見到耶穌被處死並埋葬後、墓穴竟然空了的人。因為她的發現，耶穌升天從神跡轉為了歷史。

想像力非凡兼或有「異端」熱情的作家，就把這個馬利亞「揑造」成了耶穌的情人，並且是她懷孕了一個女孩——耶穌的女兒，使耶穌神聖的血液流傳了人間。《達・文西密碼》之所以產生，完全是為了這脈血緣的傳承。

不管虔信正宗的信徒多麼反對，事實上，這樣的故事不是沒有發生過。雖沒有充分的證據證明發生在耶穌身上，但那個一二世紀在口才上頗象耶穌的阿貝拉爾卻做出了如彼「風流韻事」。在我來理解，《達・文西密碼》小說的創作，至少是對阿拉貝爾的借題發揮。阿貝拉爾是最重要的經院哲學思想家之一，也是一位隱修士。在成為隱修士之前，他和一位叫埃洛伊茲的十七歲的姑娘發生了不正當性關係。這多因於阿貝拉爾才華橫溢所致，埃洛伊茲也因私下聽他講課而承受了家庭的壓力。現在看來，這是一件沒什麼大驚小怪的未婚先孕的事情，但在那時卻需要隱瞞。二人決定保守秘密，以免影響阿貝拉爾的事業。故事的細節自然無須多說，結果則是阿貝拉爾遭受了埃洛伊茲家族的報復，被閹掉了生殖器。可憐的姑娘也在給老師生下孩子後，被送進修道院。後來，她當過隱修院長，在六十六歲時，辭別人世。

阿貝拉爾的吸引力確實是非凡的，歐洲各地的學生象虔誠的教徒拜神一樣，湧向巴黎，聽他講課。而他所講的，往往又引起巨大的爭議。巴黎最高當局怕引發騷亂，下令禁止阿貝拉爾在法國土地上講課。阿貝拉爾就離開土地到樹上去講，學生們就在樹下聽課；法國又禁止他在空中講課，阿貝拉爾就到船上去講，學生們就在岸邊聽。這個故事近乎荒誕？但重要是，選擇一個什麼樣的河流，肯定不能太寬，也不能水流湍急。現在想來，大概就是一個小河汊子吧！

被神化的哲學家、思想大師就在小河汊裏產生了！如果非要從《聖經》上找到這樣的事例，看一看《新約・使徒行傳》第一四章十一至十八節就夠了。不過，阿貝拉爾遠沒巴拿巴與保羅那樣虔敬、拒絕被神化，不但願意享有學術聲譽而且更願尋求性快樂。阿貝拉爾後來成了隱修士、世界上最早兩大學之一巴黎大學的教授，現在他也又有幸成了今世作家的一個素材人物。

我擁有信仰，但無法指責藝術。至於抹大拉的馬利亞是否真地為耶穌留下了一個女兒——這樣的史實，對我來說，無力去考證，並且《達・文西密碼》小說作家從來沒宣稱這是一件史實。他試圖以文學顛覆宗教，但到目前為止，兩者之間還相安無事。沒有任何一個基督教狂熱到把他當作「異端拉什迪」的程度；在另一端來說，伊斯蘭教狂熱分子對拉什迪的追殺，並沒能阻止《撒但的詩篇》的流傳。發生在美國的五年前的「九·一一」事件充分證明了拉什迪的心智，現在，法拉奇的憤怒也隨著她生命的終結而消失了。剩下的問題仍然是：在我們擁有宗教的生活中，應當如何避免宗教極端與狂熱。

在適當的時機，我們應當效法巴拿巴和保羅，撕開自己的上衣來阻止極端和狂熱。之於個人，作為一個基督徒，我不會相信諾斯底主義教義，但是我也沒有先入為主地拒絕瞭解史懷哲（Albert Schweitzer）觀點的「清高」與所謂潔淨。

域外聊齋裏的父女
——電影《暮光之城》觀略

電影《暮光之城》是個外國版的聊齋。與中國經典不同的是，外國聊齋裏的妖怪不是女性而是男性，具有速度、力量、健美，最致命的是會讀心術。後一項是它的同類所沒有的。

女孩貝拉被愛德華所吸引。愛德華不屬於人類，即便勉強算作人類，也與所必處的時代格格不入。故事在貝拉的求知欲也即探窺真相的願望裏進行。故事的價值說明：人性不僅可以戰勝獸性，而且還能夠改造獸性。這樣的哲理在西方基督教價值體系是老生常談了。

我一直堅持「上帝作為人類向善的觀念，還是值得尊重的」這麼一個自我發現的定理，但我還是心有餘悸，不太相信中國人，我們在如此扭曲的文化共同體裏面，獸性往往被包裝成人性。比方說，許多貌似合理的控制、管制，比如許多口若懸河的陳詞濫調，絲毫不顧忌自己的腐朽不堪，而自認新奇無比。

在純粹哲學思辨的意義上，我倒願意好萊塢（作為意識形態的廣義符號）和互聯網一起，來傳播它們的「顛覆」。不管《暮光之城》裏的貝拉多麼希望自己可以歸化到愛德華那裏去，做「素食」的獸類，她父親對她的愛都是無法替代的。也正是因為這一點，本來在斯旺警長（貝拉的父親）那裏印象並不算好的愛德華，決定自己「入贅」人類，而不是以貝拉生命終結的方式來實現兩人或曰人鬼的最完美愛情。

這裏沒有《畫皮》的深度驚悚，也沒有聊齋原創裏屢屢出現的懲罰過度。這足令人涕零不已，嘘唏難止。也讓我這個以作文為生間或以哲學當「毒品」人，放下生計與癮癖來從電影的角度審視人作為人的價值，以及我遠離「思想食肉族」的可能性。

斯旺警長和老婆離婚不管是出於誰的原因，他都深愛自己的女兒。因此，才把貝拉接來小住一段時間。故事的輔線在這段父女之愛中展開，而從藝術設計上，父女之愛不得不讓位給「人鬼情未了」。斯旺是個好父親。這不僅僅是他在關鍵的時候可以承受女兒對他莫名其妙的的傷害，儘管女兒是在以此來保護他的生命安全，還不在於最終他把保護女兒的責任很是信任地也很幽默地交給了「鬼女婿」。最點睛的地方就是在父女共進晚餐的時候，斯旺勸貝拉出去玩玩，因為今天是週末而不必擔心明天會上課，因為有小伙子喜歡貝拉，貝拉理應和小伙子們在一起，尋找也許是早到的愛情。

什麼樣的女孩子能有如此的幸運？什麼樣的女孩子能有如此之好的父親？

這些都是問題，尤其是在中國。

那麼體面，何以沒有上帝？

──電影《驚懼黑皮書》沉思

引言：看電影而來的靈感

鬆弛為寫書稿和時評而緊張的神經，看電影不失為一種合適的選擇。但是，優酷網可能是訪問的人太多，電影畫面總是斷斷續續。不管怎麼斷續，我決定看完《驚懼黑皮書》。前天中午，看了一小段，就下廚幫太太忙飯去了。下午呢，午睡三個小時，醒來就去打球，天黑回來繼續寫作。今天是星期五，晚上在家上網的職員與學生肯定多。越擠越熱鬧，越熱鬧越擠。我本是超級閒人，比如說，不睡星期一的午睡，不就清閒自在地看了嗎？

如此擁擠，倒給了我一個靈感──與宗教有關的電影怎麼如此吸引人呢？連中國電影也偷偷摸摸地「宗教」起來，比方說《極限救助》那部感人的片子，最後大家為成功救助了雞骨卡喉的兒童，一起祈禱起來。祈禱固然好，不過讓我這樣自詡的「精英分子」很難為情，因為《極限教授》

的「祈禱」並沒有賓語。

一、醫生、律師與黨衛隊軍官策劃劫財殺人行動

《驚懼黑皮書》很「宗教」，但並不直白，主人公瑞秋或叫艾莉絲經歷了全家人被殺、從事抵抗法西斯運動、被同胞們誤解諸種巨大苦難，最後到了宗教氣息最濃厚的以色列，在一個農場小學教書為業。

命運或曰上帝給了她最好的報償：農場風景如畫，小河清且漣漪，丈夫體貼倍至，一雙兒女歡快無比。電影就是從她遇見在荷蘭的一位故人而引起的。那位女人以身體服侍德國將軍，德軍戰敗後她投入盟軍軍官的懷抱，以勝利者的身份參加慶祝狂歡，而後移居澳大利亞。那位女人以觀光客的身份來到以色列這個頗具特色的農場，偶然遇見艾莉絲，引起了艾莉絲的回憶。這算是最普通的劇本寫法了，誰知道普通的劇本寫作手法卻震撼了不少「擁擠者」的靈魂。至少對我如此。

艾莉絲一家的悲劇是由於野蠻戰爭，更由於悲劣的人性。

一位醫生與一位律師，外加一位德國黨衛隊中尉軍官策劃了系列劫財計畫：醫生和律師最能瞭解自己客戶的資料，也最容易受託付，因此，他們將富有的猶太商人串成名單，讓他們帶好珠寶與現鈔逃亡，逃亡路上，德軍出現，而後殺人掠貨。

看起來複雜，做起來簡單。

艾莉絲是劫財之屠的目擊者暨被害人，一個船上只有她一人僥倖跳水得脫。他回去找父母的朋友、那位支給她五萬美元及一袋鑽石的律師，律師雖然老謀深算，但不免驚訝：「你活著回來了？」這麼一句問話，引起了艾莉絲的懷疑。狠毒的律師本該此時除掉艾莉絲，但是，他沒這麼做，而是讓她與抵抗組織接上頭兒，最後將抵抗組織成員引入一場劫獄的活動。德軍早有準備，將劫獄者堵在獄中，衝鋒槍與輕機槍在歡快的舞曲中噴出火舌。抵抗組織的十幾名隊員及四十名獄中戰俘，僅有兩人得脫。由於劫獄的關鍵人物艾莉絲——以色相引誘黨衛隊上尉本茨——得以在德國將軍辦公室裏安裝竊聽器，反而被懷疑是叛徒。德國人破獲了她的色情間諜案，把她關在牢裏，此前被她感化的本茨也被關了。抵抗組織發誓要除掉這個「叛徒」，信心最堅決的就是抵抗組織中的醫生。按中國俗語講，艾莉絲弄得自己「裏外不是人了」。

二、勝利者們無恥的狂歡與報復

一個弱女子，本要追索叛徒，卻被當成叛徒。從影視學的專業手法即「衝突安排」上講，老道的劇作家看來一定要讓觀眾緊張至死！

到了一點鐘，優酷線路流暢了。

越是線路流暢，我心情越緊張。尤其看到艾莉絲被荷蘭同胞當作「叛徒」而強迫脫去上衣（男人則要脫去下衣）並遭鞭打的時候，我已經覺得自己不再是看電影，試圖衝上前去阻止勝利者的野蠻。阻止是徒勞的，高高吊起的巨大糞桶傾泄著艾莉絲等人自己排出並集中起的糞便。根據影片的序幕提示，這是一個有真實背景的故事。

我們怎麼理解勝利者呢？也許他們被壓抑的太久！用中國話來說，是「窮人翻身比地主還厲害」。一位富有正義感的盟軍將領到達現場，呵斥勝利者的野蠻行為。他說：「你們這樣令人羞恥的行為，和法西斯有什麼兩樣？」狂歡的虐待狂悻悻而散。但是，艾莉絲並沒有因此而擺脫被迫害的命運，醫生要弄死她。

她，到目前為止，沒有任何利用價值；她，到目前為止，仍沒放棄追查叛徒的努力。

她和本茨拿到證據，找到了律師夫婦，沒想到被精通法律的律師三言兩語給鎮住了。律師夫婦從容下樓。下樓的律師夫婦在一分鐘之內倒在了血泊中，醫生不會允許這個分利者存在。

在追擊殺手的時候，本茨被勝利者認出來，很快被送走牢裏，很快被執行死刑。上帝保祐無人幫助的艾莉絲，她從律師太太屍體的兜裏翻出了那個寫有殺人作業流程的小黑本——驚懼黑皮書。上面記錄著她支取五萬美元與一袋鑽石的事情，是為殺人劫財者們的對賬記錄。

她，是受害者；她，是倖存者；她，最主要的是證人。很快，他找到了抵抗組織的最高負責人，兩人去追捕醫生。醫生裝成了死人，由一輛殯葬車送住遠方。棺材裏不僅有假死人，還有他獨吞的珠寶、美元。艾莉絲發瘋地壓在棺材上，用碩大的項鏈上的一個佩物的銳角部分擰死棺材上的鏍絲。醫生，被悶死在棺材裏。用中國話說，叫「假戲真演了」。

三、沒能得到拯救的殘暴美女

故事在起伏跌宕中結束，我已經懶得去看演員的名字。手摩娑著書房臥榻高扶手上的那本書——我決心到年底重讀完的斯賓諾莎的《神學政治論》，因為它可以幫助我在信仰與神學之間找到平衡。

斯氏說：「所謂神的法律，其唯一的目的是最高的善。」在這個基礎上再去理解伏爾泰的信仰與神學的平衡點顯然容易多了，還有對過程哲學中「上帝」作為觀念存在的含義。伏爾泰說：「假如沒有上帝，那麼就應該創造一個」。說白了，「上帝」作為人的觀念物實在作用只有一個——約束人性中惡的那一方面，在康德那裏，則是：「證實上帝的存在，是道德上的需要。」過程哲學家懷海特則說：「就世界本身而言，它是不完滿的，需要上帝，使之得以完滿。從這個意義上說，上帝是世界的『補體』（complement）。」

放下哲學引述不論，還是以一個故事回歸影評的主題吧。仍是在二戰結束之後，盟軍一個低級法庭審判一個低級德軍女軍官（或是少尉或是中尉，記不太清了），她才二十二歲。她的美貌不說絕倫，也是驚豔一方。但是，她殘酷無比，尤其是對漂亮的女俘虜或在押猶太漂亮女人，必予摧殘。她曾下令手下女兵將一位漂亮的猶太女人的雙乳用鞭子打爛，而後自己親手向那個被打得奄奄一息的女人襠部連開三槍。

這麼殘暴的美女面臨死亡，比常人還恐懼，她對一位老法官說：「請饒我一命吧！我心甘情願地給你當一輩子奴僕，乃至於陪你上床。」老法官對她不無憐憫，然而，她的暴行已經十惡不赦。老法官說：「孩子，我救不了你。難道你心中沒有上帝。」

假如她心中有上帝，她斷然不會一點善性也沒有。

結語：那是一個信仰變質的時代

電影《驚懼黑皮書》中的律師與醫生在荷蘭那種基督教國家裏是令人尊敬的職業，擁有體面的身份，他們心中何以沒有上帝？若是還有一點「上帝」的影子，作為被侵略者奴役的人們，斷然不會給猶太富人們設下劫財殺人的陷阱，更不能將抵抗組織成批的成員送進舞曲與槍聲奏鳴的屠場！

擱下鋼筆吧。心理放鬆變成了哲學考量！時間已經是星期六的凌晨了。願上帝保佑我，讓我享受晨間大睡的福分，讓我在自己樂意的時候總會有球可打。

我的欲望僅僅如此，因為作為「精英分子」，我渴望庸俗而遠離罪惡。

克莉絲塔與魯迅何干？

——電影《竊聽風暴》裡的體制恐懼

體制，是人類文明的獨特結晶，它為生存群體提供了清晰的規則與滿意的效率。但是，體制過於強大，人類就會受害。當人們無奈體制的強大時，或是甘心俯首成為僕役乃至於走狗，或者鼓足勇氣廢棄它而做重新選擇。成功的選擇有之，蔣經國的解嚴、戈巴契夫的棄蘇為人類留下了政治智慧的豐碑。

不管怎麼理解臺灣與前蘇聯的經驗，翻看歷史包括源於真實歷史的藝術表達（電影是為其一），都會發現強大的體制幾乎就是一頭吞沒人性的怪獸。到現在，中國不少人不還是奉被體制塑造的符號魯迅為神明嗎？但是，可能不知道魯迅曾大力讚揚蘇聯的政治鎮壓：一九三〇年，被誣陷為反動組織（實業黨）領袖的拉姆仁被判刑，魯迅寫文章說「不過也只判了十年監禁麼」，言外之意，不槍斃就便宜拉姆仁了。

問題遠非如此簡單。五年後（這時魯迅還沒有死），蘇聯當局釋放了拉姆仁，由於他在監獄還堅持科研，被授予列寧勳章。魯迅沒有直說蘇聯體制的強大，但是顯然他是極力讚美蘇聯體制的。

拉姆仁由罪犯而功臣是個離奇而真實的故事，蘇聯的人們除了拿故事當故事外，是否反省到體制強大至吞噬人性沒有可考的證據。若有，也是邏輯地出現戈巴契夫那裡。

讓少數人尤其是我討厭、讓多數人奉為神明的魯迅，究竟與電影《竊聽風暴》有何關係呢？關係在於說明電影裡劇作家吉歐・德瑞曼的同居者、表演藝術家克莉絲塔・西蘭，由於體制恐懼而最後喪命的合理性。還好，儘管東德已經完全法西斯化，男女同居還是得到了寬容，而且德瑞曼的好朋友豪瑟可以拿這個細節開玩笑——在德瑞曼的生日聚會也即《愛的真諦》話劇成功演出後的慶賀時，豪瑟悄悄地對德瑞曼說：「你的枕邊人真迷人！」豪瑟沒有色意，更無奪人所愛的圖謀，但是到會祝賀並此前觀看話劇的文化部長漢普恰恰相反。他不但在宴會上以領導（隨機）講話的方式讚歎德瑞曼是靈魂工程師，進而與德瑞曼配合的克莉絲塔是東德的文化瑰寶，而且在很是輕鬆的閒談中，不端酒杯的那隻手悄悄在克莉絲塔的臀部滑過。

克莉絲塔明白這是什麼意思，恐懼是她的第一反應，而力圖迴避有否可能她絕對沒有信心。克莉絲塔所受的教育讓她深信自己的一切都是體制給的，自己必須老老實實服從體制。抗拒漢普就意味著抗拒體制，抗拒體制就意味著剝奪的來臨，包括演出機會被剝奪。

漢普是體制的絕對受益者，因此他可以用專車半路「接駕」（其實就是攔劫）克莉絲塔。克莉絲塔從不願上車到在車上不願被動做愛（其實就是被強姦），是出於尊嚴之本能，但是她最後一刻屈服於體制的力量。部長的專車裡面是否由隔開司機的玻璃，電影沒表現，我還是設想它有。如果沒有，事情該有多麼尷尬！

出於嫉妒，正像嫉妒成功的德瑞曼一樣，竊聽者衛勒斯通過特殊手段接通德瑞曼的樓下門鈴，讓後者誤以為克莉絲塔沒帶鑰匙而去樓下開門。這要得益於衛勒斯不僅能監聽德瑞曼的住所動靜，還能對街面進行錄影監控（看看誰來訪問被監控對象）。被誤導的對瑞曼看到了漢普的車子，也聽到漢普要克莉絲塔週四晚上去某個酒店幽會的命令而不是請求或商量。

既然被迫走出第一步，第二步就得走。週四晚上，她假借同學有約出門，德瑞曼委婉勸阻。委婉至直白：漢普那樣的缺德而無能的官僚不值得你這樣的大藝術家去「獻身」。

本來克莉絲塔就對自己是否成功沒信心，且因抑鬱而服藥，就是連進入情人做愛的歡暢狀態也依賴藥物（對此，德瑞曼早知，只是此刻才點明）。克莉絲塔沒辦法了，只好直白地說自己無力對抗體制。還有，即便自己對抗了，被剝奪了演出機會，那麼，誰來保證德瑞曼不因此受牽連呢？

德瑞曼也屈服了。放行吧。倒是竊聽者衛勒斯被激怒了，他聽到對白後，決定在克莉絲塔必去的酒吧進行勸阻。克莉絲塔畢竟是被動地赴約，心情不好，進入「角色」前要喝杯酒「醞釀」情緒。由於衛勒斯以忠實觀眾的身份出現，克莉絲塔為了藝術形象，放棄了赴約。她也準備承受禁演的懲罰，而德瑞曼對她的回家不僅激動，而且贊成她以後做家務不演出的決定。順便多說的是，衛勒斯對漢普的嫉妒是出於他「忠誠黨的事業」的最初諾言，他從內心不能容忍權貴胡來。更刺激他的是，同班同學兼上司古畢茲中校對於他彙報監拍到的漢普車送克莉絲塔到家的細節，命令刪去即不能涉及領導。不管漢普是否知道自己被監控到了，他都完全相信體制的力量讓那些地位低於自己的人，像自己的走狗一樣不敢咬他這個主人，除非走狗瘋了。

按中國俗話講，蒼蠅不叮沒縫的蛋。克莉絲塔的「縫兒」不在於她是被監控對象德瑞曼（被監控代號「勇者」）的枕邊人，而在於她要服藥，那種藥在東德是違禁品。順理成章，作為次要的被監控對象（代號「伶人」），她買違禁藥品的行為被斯塔西的人抓了現場。經不住絕對專業化的審訊，她交代了德瑞曼隱藏紅色帶打字機的地方。幸虧良心發現的衛勒斯提前取走物證，才讓德瑞曼躲過大劫。就是德瑞曼本人也不知道是誰「偷」走了打字機，只是到後來兩德統一後，公民有權翻閱自己不知內容但為自己而立的斯塔西檔案，才知道衛勒斯在監控他的同時或最後關頭保護了他。因此，他才寫一本書來獻給這個人。

在古畢茲帶人衝進德瑞曼的住所進行搜查之前，古畢茲安排好克莉絲塔提前回家，以便讓整個場景更能掩護已經成為線人的克莉絲塔。古畢茲經過看似隨便的檢查，終於奔向目標，就是打字機的藏身處，儘管他撲空了。隨後，事情明瞭，作為知道打字機藏身處的極少數人，只有克莉絲塔不是圈內的。德瑞曼憤怒而無奈地望著克莉絲塔。儘管打字機已經不在了，罪案沒法形成，克莉絲塔還是承受不了良心的壓力。她穿著浴袍衝出家門，跑上馬路，撲向一輛過路卡車，自殺了。

不管怎麼說，克莉絲塔是值得原諒的，一個成功的藝術家不知道自己的成功之處，是體制日積月累的壓迫之故。退一萬步說，她已經為心愛的人付出了放棄演藝事業的代價，還有什麼不能原諒的？

西方的女人大都堅強，但是克莉絲塔不在堅強著之列，她更像我接觸過的眾多中國懦弱女子。所以，更值得原諒。不說克莉絲塔，看看雅斯卡，大導演，德瑞曼最敬佩的大導演，也是好朋友，不是最終自殺了事嗎？因為，他的導演事業被當局專橫地結束了；因為，在事業結束之後，他還要受斯塔西的監控，無所不在的監控；因為，作為老朋友德瑞曼執意要聘請的下一部話劇的導演，他沒被官方批准。凡此等等。雅斯卡曾悲傷加自嘲地對前來書房傾談的德瑞曼說：「一個導演要是沒戲可導，那就像放映師沒有膠片可放，就像磨坊主沒有穀物可磨，什麼都不是！」作為電影裡震撼人心的細節或者經典對白，它是虛構的，但在東德的體制祖宗蘇聯那裡，真實的情況確實存在：一九六四年夏，大作家格羅斯曼歷經種種禁令與查抄後，去看望躺在了病床上老友也是被禁作家雅姆鮑利斯基，後者歎道：「我是生生地被憋死在門下方的夾縫裡了！」

蘇聯體制是強大的，但它吞噬人性的罪惡歷史不可能被有良知的人忘記。在中國，人們可以做有風險的聯想，而在此聯想之外，我要提醒所有良知尚未泯滅即沒有主動把自己定位為體制走狗的人，不要忘記魯迅，就是那個讚美蘇聯體制的醜惡魯迅。魯迅不僅說拉姆仁判十年輕了，而且他幸災樂禍地看待「梭羅古勃之流的沈默」，並把這種沈默當做十月革命的成果來讚美。

魯迅筆下「之流」裡的梭羅古勃是格羅斯曼、雅姆鮑利斯基們的新歷史影像。一九二〇年，梭羅古勃給列寧寫了一封幾乎可以用「叩頭請求」來形容的信件，信裡面說：在彼得堡，他領不到本應給的作家口糧，而自己是那個二十五位可領口糧名單上的作家之一；三年了，自己什麼著作也出版不了，國家出版社也不選印自己過來的舊作。接下來的事情就更悲慘，梭羅古勃在一九二一年七月被批准出國，但不准帶妻子。作為作家兼翻譯家的她妻子承受不了如此侮辱也即體制壓力，九月份投河自殺，梭羅古勃也由此放棄了出國的計畫。

難道梭羅古勃夫人不是電影中克莉絲塔的真身嗎?!

作為還算有成就的學者，作為還算有影響的博客寫手，除了上面的提醒之外，我還有一個預言：所有在良知上沒有淪落為體制走狗的人們，看了這篇文章後，一定會有一個對魯迅的全新看法。

後記　安享靈性的寧靜、愉悅與豐滿

本書是我從自己六百餘篇博文裏篩選出來文章的結集，或曰做了一個自己思想的初步系統。按著文體與系統的結構暨板塊設計，它是散文集無疑。作為中國大陸的一位異議作家、學者與文化基督徒，能將這些文章廣及為六百餘篇博文在自己的博客上發出來，確實是拜互聯網之賜。然而，在互聯網如此發達的今天，權力邪性針對自由思想的敵意還是無處不在的。這並非是無病強說愁。首先，我要想將如此有思想性的博文結集在大陸做正式的紙面出版，是絕無可能的事情，就是以往可以由博文轉化到紙面的「歷史閒篇」也遭遇了軟封殺；其次，博客的文章遭到遮罩絕非偶然之例，有時還要「照顧各方面的關係」而主動刪掉一些博文；再次，自己打不開自己的博客、無法登陸無敏感詞過濾郵箱（特別是gmail），乃至於郵件常常「被丟失」。

至於第一項，裏面有當局的策略因素，即讓他們認為敏感的言論在網路裏存在有益於宣示自己的「開明」，背後則對是紙面出版愈加嚴厲的審查，尤其是中共十七屆六中全會（二〇一一年十月）推出文化體制改革決議之後，情況更是如此；第二項，被遮罩的文章只有博主自己能看得見且有提示，除非已經有博友轉載，外界是無從看到的，我的一篇曾被網易做博客首頁推薦的文章點擊量兩萬八千餘次後即遭此待遇；第三項，幾乎沒法枚舉，因而「著名的案例」只能集中在郵件被盜方面（即有證人可以證明）。二〇一〇年一月，我發給茅于軾老先生一部書稿，請他閱讀後給個評價即做書的序言，但是一個多月沒見回音，便發郵件催問，結果是評價文章一週前就發出了。茅老在接到我的催問後又給我補發了郵件，而就在我接收到補發郵件的一天後，早先的郵件也來了（發件日期是一個月前的）。誰偷走了郵件？為何又無聲無息的歸還了？至今無從追問。

第二個「著名的案例」是我在二〇一二年十一月初給美國中文網刊《民主中國》發去一個學術系列的第三篇，按正常情況，對方回覆不會超過十二個小時，這次超過五天還沒回覆。我只好重發一遍，並說明已經寄發的情況，結果網刊編輯在數小時之內就回了郵件，告知我此前並未收到這篇稿件。雖然生活中滿是如彼的敵意，但我的內心還是充滿了幸福感。因為我有信仰，乃至有對待敵意生活環境的具體依據，其如《聖經．舊約．詩篇》所言。《詩篇》第二十三章第五節寫道：「在我敵人面前，你為我擺設筵席；你用油膏我的頭；你使我福杯滿溢。」（You prepare a table before me in the presence of my enemies; you anoint my head with oil; my cup overflows.）

我相信自己在敵意下獲得的幸福感是靈性寧靜、愉悅與豐滿的佐證，也因著靈性的寧靜、愉悅與豐滿，我的博文能夠感染讀者。比如說，網名叫「石頭山峰」的網友有跟帖說：「老師您『絮絮叨叨』，讀起來卻讓人盪氣迴腸！真的感覺您好幸福啊！很羡慕。」靈性的感染是互相的。正是因著這類與我分享幸福感的評論，我決心把原來設想的結集做紙面出版，結集的選擇範圍不止限於

〈心境・閑趣〉而推及〈沉思・洞見〉與〈書影・觀點〉。一句話，凡我過來所感、所思、所評之精華均在本書中展現給讀者。

說到靈性的寧靜、愉悅與豐滿是在敵意下產生的，絕非矯情，而是有其歷史參照的，即世界文學上的一個事實——前蘇聯作家鮑利斯・列奧尼多維奇・帕斯捷爾納克的遭遇。在他獲得諾貝爾文學獎之前，他的小說《日瓦戈醫生》曾被當局責令修改以符合出版標準，所幸他拒絕這樣做而在義大利出版，隨後遭到了邪性權力的嚴厲批判；我的作品雖沒遭到當局的嚴厲批判，但各種各樣的軟封殺不斷，比如在大陸已經出版的著作在其出版前大多遭到重手刪削，特別是博文被遮罩以及這些思想性的博文無緣於正式的紙面出版。帕斯捷爾納克遭遇蘇聯邪性權力的壓制之後，做出了自保的調整，不再發表有思想性的東西而是以翻譯為生，尤其是無可奈何地拒絕領取諾貝爾獎，直到他生命的終了；我雖然尚無帕斯捷爾納克的重壓與成就，但是也必須做出策略性調整即如前面所說的要「照顧各方面的關係」而不得不刪去自己的一些博文。

帕斯捷爾納克死了，我還健壯地活著；帕斯捷爾納克沒有機會經歷蘇聯邪性權力的消亡，我雖未親眼目睹，但做出的評論則是我靈性愉悅的表現，〈非祭而賀蘇共亡黨二十周年〉一文是為佐證；帕斯捷爾納克不會預料到蘇聯消亡暨蘇共垮臺，更不會預測到這個人類文明史上的重大事變還會有後續部分，但我已經預瞻到後續部分必將出現並且我將有幸成為一個親歷者。

我相信這種預瞻本身就是靈性寧靜的佐證，也是福杯滿溢帶來的靈性豐滿！

最後，重複本書自序的那句話——臺灣之於我，就像當年的義大利之於前蘇聯的帕斯捷爾納克一樣。我相信，已經在天堂的帕斯捷爾納克，臉上肯定會蕩漾出安詳的笑意！

目擊中國07　語言文學類　PG1045

我從來就不喜歡魯迅
——從政治異見到文化異見

作　　者／綦彥臣
責任編輯／鄭伊庭
圖文排版／楊家齊
封面設計／秦禎翊

發 行 人／宋政坤
法律顧問／毛國樑　律師
出版發行／秀威資訊科技股份有限公司
114台北市內湖區瑞光路76巷65號1樓
電話：+886-2-2796-3638　傳真：+886-2-2796-1377
http://www.showwe.com.tw
劃撥帳號／19563868　戶名：秀威資訊科技股份有限公司
讀者服務信箱：service@showwe.com.tw
展售門市／國家書店（松江門市）
104台北市中山區松江路209號1樓
電話：+886-2-2518-0207　傳真：+886-2-2518-0778
網路訂購／秀威網路書店：http://www.bodbooks.com.tw
國家網路書店：http://www.govbooks.com.tw

2013年8月BOD一版
定價：320元

國家圖書館出版品預行編目

我從來就不喜歡魯迅：從政治異見到文化異見 / 綦彥臣著.
-- 一版. -- 臺北市：秀威資訊科技, 2013.08
面； 公分. -- (語言文學類)
BOD版
ISBN 978-986-326-155-1 (平裝)

1. 言論集

078　　102014299

讀者回函卡

感謝您購買本書，為提升服務品質，請填妥以下資料，將讀者回函卡直接寄回或傳真本公司，收到您的寶貴意見後，我們會收藏記錄及檢討，謝謝！

如您需要了解本公司最新出版書目、購書優惠或企劃活動，歡迎您上網查詢或下載相關資料：http:// www.showwe.com.tw

您購買的書名：________________________________

出生日期：________年________月________日

學歷：□高中（含）以下　□大專　□研究所（含）以上

職業：□製造業　□金融業　□資訊業　□軍警　□傳播業　□自由業

□服務業　□公務員　□教職　□學生　□家管　□其它______

購書地點：□網路書店　□實體書店　□書展　□郵購　□贈閱　□其他

您從何得知本書的消息？

□網路書店　□實體書店　□網路搜尋　□電子報　□書訊　□雜誌

□傳播媒體　□親友推薦　□網站推薦　□部落格　□其他__________

您對本書的評價：（請填代號　1.非常滿意　2.滿意　3.尚可　4.再改進）

封面設計____　版面編排____　內容____　文／譯筆____　價格____

讀完書後您覺得：

□很有收穫　□有收穫　□收穫不多　□沒收穫

對我們的建議：________________________________

____

____

____

請貼
郵票

11466
台北市內湖區瑞光路 76 巷 65 號 1 樓
秀威資訊科技股份有限公司 收
BOD 數位出版事業部

（請沿線對折寄回，謝謝！）

姓　名：____________ 年齡：________ 性別：□女 □男

郵遞區號：□□□□□

地　址：________________________________

聯絡電話：(日) ______________ (夜) ______________

E-mail：________________________________